Super parents

田 丽 ◎ 著

超级父母

一部教师、家长、学生都受用的育人宝典

育人者必先受教　教子者须讲其法

知名心理专家+家庭教育指导师
一线名师倾情点拨家教迷津
真实案例+问题解决模型+实践指南
为人父母必修秘籍

中国书籍出版社
China Book Press

目 录

前　言 1

　　故事一 1

　　故事二 3

　　故事三 4

第1章 家庭教育 无声的爱 1

　　一、走进家庭教育 3

　　二、家庭教育四公式 11

　　三、家庭教育的方法 16

第2章 提高兴趣 巧用妙招 21

　　引　言 23

第3章 读懂孩子 巧用表扬 47

第4章 书作台阶 直入云霄 57

　　一、读书的重要性 60

　　二、儿童的早期阅读 64

　　三、怎样激发孩子读书的兴趣 65

　　四、亲子阅读的重要性 68

五、怎样做好亲子阅读?......69

　　六、变被动阅读为主动阅读......71

第5章 您了解孩子的作业吗?......79

　　引 言......81

　　一、提高写作业效率的方法......84

　　二、解决孩子写作业问题的方法......92

第6章 零花钱 没那么简单......123

　　引 言......125

　　一、给孩子零花钱的理由......127

　　二、不同的年龄阶段发多少零花钱合适?......129

　　三、如何帮孩子管理零花钱?......129

　　四、给孩子零花钱需要注意的细节......133

第7章 如何让您的孩子成为听课高手......137

　　引 言......139

　　一、听课好习惯的重要性......140

　　二、科学的听课方法......140

　　三、有效听课的秘诀......142

第8章 学习习惯 这样去培养..................147

引 言..................149

一、成功的重要要素——学习习惯..................151

二、培养孩子良好习惯的九大方法..................154

三、小学生学习行为习惯培养的个案研究..................159

第9章 意志力是怎么炼成的..................167

一、成功具备的要素：智力、意志力、身体健康..................170

二、如何培养顽强的意志力..................171

三、意志力训练法..................173

四、微心理推荐几种锻炼意志力的方法..................178

五、中小学生意志力培养的方法..................179

第10章 网瘾如毒瘾 我们远离它..................183

一、网瘾的症状..................187

二、网络成瘾的概念..................188

三、网络成瘾形成的原因..................189

四、网瘾的预防与治疗..................193

五、治瘾如同治水，宜疏不宜堵..................194

六、引导孩子正确上网..................195

前 言

提起笔，我特别想给大家讲几个亲身经历的真实故事。一个个鲜活的生命故事在眼前跳动，这也是促成《超级父母》的关键原因。

故事一

那天走到王老师的办公室，碰巧看到王老师在和司同学谈话，旁边的同事告诉我："这个孩子刚转到咱们学校不久，脾气特别暴躁，上次因为和同学打架，王老师批评了他两句，就一个人跑下楼，幸亏有老师拉住他，他却就地撒泼，说那老师打了他。""这次是因为下课的时候，他从最后一排跑到第二排，拉起第二排的同学大声吼，让那位同学坐到后面去，他要坐在第二排。第二排的同学肯定不愿意，两个人就这样打了起来……"看着怀孕几个月的王老师，我拉过司同学，想和他聊几句。他仰着头，身体斜跨地站着，右腿在不停地晃，他用眼睛斜瞟了我一眼，意思好像在说：你是谁啊，你来管我？我就这样，你管得了吗？看起来有点儿不屑，又有点儿像挑战。

下面就是我们的对话：

"你想从最后一排调到第二排，说明你想更近、更清楚地听老师讲课，说明你有想进步的动机，对吗？"

他的腿不再晃了，快速从头到脚把我扫了一遍。"对。"

我看他已经接纳了我，就继续说："你直接把第二排的同学拉起来，让自己坐上去，你成功了吗？"

"没有。"

超级父母

"结果怎样呢?"

"结果是我不但没有抢到座位,还打了起来。"

"如果你特别想调座位,应该怎么做才有可能成功呢?"

"先和同学商量,如果他不愿意和我换,我可以向老师表明我的想法。"

"老师发现你思路很清晰,也很有处理事情的能力。"他的身体开始站直,眼睛注视着我,目光中充满了信任。"如果用你刚才说的办法结果会怎样?"

"可能会调位成功,也可能不会,但我们不会打起来,不会像现在这样伤和气。"

"我知道其实你是想改变自己的暴脾气的,但改变的过程是痛苦的,你看毛毛虫要变成美丽的蝴蝶就要脱去一层皮,在蜕变这个过程中可能伴有撕心裂肺的疼痛,你怕吗?"

司同学双眼放出光芒,我接着引导他,说:"你要有心理准备,改变是要疼的,不过这种疼是可以承受的,而且会有父母、老师在身边陪伴你!当疼得无法忍受时就想想蝴蝶的美丽好吗?"司同学坚定地抬起头说:"老师您放心吧!您这么仗义,我不能不仁义!"

"知道吗?你是一个好孩子,曾经你是第一名!"司同学疑惑起来。我接着说,"最初,你的身体只有蝌蚪那么大小,你有成千上万的兄弟姐妹,他们都想成为爸爸妈妈的孩子,于是你们就进行了一场惊天动地的赛跑,由于当时在这群小蝌蚪中你最强壮、最勇敢、最坚强,所以你跑了个第一名,然后你成了爸爸妈妈的宝贝孩子!"此时他已经完全信任了我。

"我很喜欢你!你的老师,你的爸爸妈妈也喜欢你,来!让我抱抱!"当我把他揽在怀里的一刹那,孩子痛哭起来,特别伤心地哭:"老师您说的不对，我的爸爸妈妈不喜欢我，他们如果喜欢我为什么没有陪伴过我，为什么不和我一起吃晚饭，他们总说忙，让我经常自己吃方便面。从来没有辅导过我作业，只知道考试不好就打我……"

看着怀里的这个泪人，他也就八九岁的样子，我不知道他有一个怎样的家庭，也不知道他有多少委屈和压力。我紧紧地抱着他，告诉他："孩子，其实爸爸妈妈很爱你这个人，只是不喜欢你不好的行为！咱们要去掉那些不好的行为！"只有我自己知道我的这句话有多么苍白。"教"的责任在于老师，可"育"的责任在于父母，于是我拨通了司同学妈妈的电话……

故事二

单同学的妈妈是做跨国贸易的，在单同学很小的时候妈妈就很少在家，一直都是由保姆照顾，一到三年级是在寄宿学校上的，四年级的时候就转到了我们班，平时妈妈不在家，他就由自己的外婆照顾。转来没多久，我就发现他的与众不同，他喜欢一直跟着老师，上着课会忽然走到讲台站到老师身后，也会经常跑到办公室和老师说一些不着边际的话，甚至很多次追着老师到洗手间门口……他又很敏感，老师哪天一忙，不能认真听他说话，他就会自言自语地说："我知道你们都不喜欢我，全世界的人都不喜欢我，我就是个多余的人……"好几次我很确定地告诉他，老师和妈妈都很爱他，但收效都不明显。可是后来我发现一个规律，哪段时间单妈妈在家，他在课堂上精力就比较专注，下课和同学们玩得很开心，哪段时间妈妈出差，他的行为就很特别。我找单同学的妈妈谈过几次，遗憾的是家长对孩子的这些表现不以为然，不愿意配合进行积极的干预。单同学的表现是典型的因缺少心理营养而引起的行为偏差，如果家庭给了孩子足够强大的爱，孩子便不会到外面去寻求关注。后来因为身体原因我请假一段时间，回来的时候听同事们说："他经常爬到楼顶去烧东西，有时也会站在顶楼自言自语。"他的妈妈到过学校几趟,让老师帮助盯紧点,多关注一下孩子,其实单妈妈不懂,再伟大的老师也代替不了父母,老师给孩子的关注和爱再多也代替不了父母的陪伴。每当看到单同学落寞的身影,我总会觉得心在隐隐作痛。

故事三

有一次,朋友芳打来电话,话语间充满悲伤和迷茫。

芳是我的好朋友,她是一个很开朗、很能干的中学英语教师,忽然情绪这么低落,让我觉得反差很大,便耐下心来开导她。从聊天中了解到,目前她心情不好的主要原因是她六岁的儿子。她说:"浩浩现在六岁,上一年级,特别调皮,甚至到了捣蛋的地步,上课注意力只能集中三分钟,经常趁老师板书的时候从前跑到后。最让芳崩溃的是孩子特别不喜欢写作业,任课教师经常告状,现在孩子一放学就去奶奶家,原因是害怕见妈妈,因为妈妈会强迫他写作业。"一个六岁的孩子,竟然怕写作业到了这种地步,这着实让我很费解,也很心疼。

记得浩浩三岁那年,芳带着他到我家里玩,在我们三个人玩得正高兴的时候,他爸爸打来电话和妈妈聊了很长时间,他等得不耐烦了,就直接要过电话给挂了,不一会爸爸又打来了,只见浩浩拿起电话一本正经地说:"对不起,您拨打的电话无法接通,请稍候再拨……"当时,我和芳笑得前俯后仰,情不自禁地感叹:这孩子情商真高,将来一定会很有出息。

可是现在,时间仅仅过去三个年头,浩浩为何变得如此顽劣呢?我让芳回忆一下在他成长的过程中有没有什么不良因素。她沉默了一会儿说:"在浩浩三岁半那年,把孩子送到了县城的奶奶家,在那儿上的幼儿园。儿子告诉她,奶奶经常对他说:'假如他不听话,老师就会把你关进小黑屋,小黑屋里有蛇、小壁虎、蜘蛛精……可怕极了!'当时我没怎么在意,心想这只不过是奶奶吓唬孙子的小把戏,又不会真的让孩子蹲小黑屋,万万没想到这却给孩子造成了极大的心理伤害。后来浩浩就不愿意上幼儿园了，抵触心理很大，三年里辗转了四所幼儿园，不停地转学后又出现一个问题：孩子特别爱啃手指甲，有时会把手咬冒血……"

通过芳的叙述不难看出，孩子因为奶奶灌输的思想而对上学形成了典型的焦虑和不安全感，遗憾的是当孩子出现这些状况后，并没有引起家长的高度重视，导致上了小学后问题愈演愈烈。

其实，我更想把以上三个故事称作"事故"，虽然他们的问题都是在学校被老师发现的，但不难看出问题的形成原因是在家庭。

其实这并不是责怪我们的爸爸妈妈，毕竟隔行如隔山，特别是第一次做父母的家长，没有上过父母学校，甚至没有读过一本关于家庭教育的书籍，对孩子的教育凭的是自己小时候成长的经验，一旦孩子出现了问题便充满恐慌，乱了分寸，无所适从，甚至会焦虑、急躁，而在这种情况下做出的任何决定，效果都不会太理想。随着孩子慢慢长大，上了小学，到了初中，家长更多的是注重满足孩子的物质需求。而恰恰相反的是，这两个阶段的孩子最需要的是精神上的满足和陪伴。也就是说，要给予孩子充足的心理营养。一位心理学家说过一句话，孩子出现任何行为偏差都和心理营养不足有关。

孩子对世界有着独特的理解和表达方式，而我们成年人的思维已深深烙下生活的印迹，很难理解孩子的本真。如果我们能放下自身的思维定式，通过扮演孩子，去理解他们的动机和内心的思想，常常就会豁然开朗："原来我的孩子是这么想的，以前真是误解他了。"

在美国有这样一所成人幼儿园：园内所有的娱乐设施、玩具、学习用品，都是按照成人和幼儿的 3 比 1 的比例进行设计的。举个例子，麦克风要比普通的大三倍，书本、玩具等也比普通的大三倍。每位家长在园里扮成自己的孩子，体验一天幼儿园的生活，一天结束后，家长们都会懂得要与孩子换位思考，用成人的要求去要求孩子，对孩子来说真的是一种摧残。

记得有一年暑假，我带着儿子到北京国家大剧院观看濮存晰表演的话剧《哈姆雷特》，当时孩子四岁。入场后，我们在二楼靠着栏杆的位置坐下，当时唯美的场景设计、动人心弦的音乐很快就吸引了台下的观众，可是儿子坚持不到5分钟就开始不停地扭动身体，爬高下低，我压低声音制止了好几次都没有用，更严重的是他把水杯都撞掉了，滚到椅子下面，当我转身移到他的座位弯腰去捡杯子时，发现四岁的儿子坐在位子上看到的不是场景，不是演员，而是无数个黑压压的人头，恍然明白他为什么坐不住了，谁愿意花那么多时间去看无趣的人头呢！怀着无比的愧疚，我赶快把孩子抱在怀里，让他坐在我的腿上，我们一起认真地、静静地看完了《哈姆雷特》。牵着孩子的手走出话剧院，思考着什么是蹲下来看待孩子。为了警示自己，我在当天晚上写下一段宣言，回来就贴在了书桌前——

合格父母宣言

(1) 从此刻起：我要多鼓励、肯定孩子，而不是批评、指责、埋怨孩子。因为我知道只有鼓励和肯定才能带给孩子自信和力量，批评、指责、埋怨只是在发泄我的情绪，伤害孩子的心灵。

(2) 从此刻起：我要用行动去影响孩子，而不是用言语去说教孩子。因为我知道孩子的行为不是被教导而成，而是被影响和模仿而成。

(3) 从此刻起：我要多聆听孩子的心声，而不是急于评断孩子，因为我知道聆听才是最好的沟通。

(4) 从此刻起：我要无条件地去爱孩子本来的样子，而不是去爱我要求的样子，因为我知道那是我的自私和自我。

(5) 从此刻起：我要学会蹲下来与孩子平等沟通，而不是居高临下地指使孩子，因为我知道强制打压只会带来孩子更强烈的叛逆和反抗。

(6) 从此刻起：我要用心去陪伴孩子，而不是心不在焉地敷衍孩子，因为我知道只有真正的陪伴才能让孩子感受到爱的温暖。

(7) 从此刻起：我要控制自己的情绪，和孩子一起安静和平地处理好每一个当下，因为我知道脾气和暴力只代表我的无能和对孩子的伤害。

(8) 从此刻起：我要积极主动地处理好与爱人的关系，创造一个和谐的家庭环境，绝不让夫妻矛盾影响和伤害到孩子，因为我知道只有夫妻关系和睦才是对孩子最大的爱。

(9) 从此刻起：我要多为孩子种善因，行善事，因为我知道种善因，方能结善果，积善之家必有余庆，积恶之家必有余殃。

(10) 从此刻起：我要通过孩子的问题，找出我自己的问题，修正我自己，因为我知道孩子所有的问题都是我的问题，我是一切的根源。

第1章

家庭教育 无声的爱

相传古代有一位老禅师，有一天晚上在禅院里散步，看见院墙边有一张椅子，这时候他立即明白，有人违反寺规翻墙出去了。不过，老禅师也不声张，静静地走到墙边，移开椅子，就地蹲下。

不到半个时辰，果真听到墙外一阵响动。少顷，一位小和尚翻墙而入，在黑暗中踩着老禅师的脊背跳进了院子。当他双脚着地时，才发觉刚才自己踏的不是椅子，而是自己的师傅。小和尚顿时惊慌失措，张口结舌，只得站在原地，等待师傅的责备和处罚。

出乎小和尚意料的是，师傅并没有厉声责备他，而是以很平静的语调说：

"夜深天凉，快去多穿一件衣服吧！"

一、走进家庭教育

前苏联著名的教育学家苏霍姆林斯基曾把儿童比作一块大理石，他说，把这块大理石塑造成一座雕像需要六位雕塑家：家庭；学校；儿童所在的集体；儿童本人；书籍；偶然出现的因素。从排列顺序来看，家庭被列在第一位，可以看得出家庭在塑造儿童的过程中起到特别重要的作用，在这位教育学家心中占据着相当重要的地位。为此，家长了解家庭教育的重要性是十分必要的。

（一）家庭教育是教育人的起点和基点

家庭教育一般是指家庭中的父母及其成年人对未成年孩子进行教育的过程。其教育目标应当是：在孩子进入社会接受集体教育（幼儿园、学校教育）之前保证孩子身心健康地发展，为接受幼儿园、学校的教育奠定坚实的基础。在孩子入园、入校后，配合幼儿园、学校使其德、智、体、美、劳诸方面得到全面发展。教育的重点是以品德教育为主，培养孩子良好的道德品质和养成良好行为习惯为主，这些行为习惯包括：生活习惯、劳动习惯、学习习惯等，教会孩子如何学"做人"。家庭教育由于发生在家庭中，与幼儿园和学校教育、社会教育相比较，具有以下特点，这些特点使得家庭教育成为教育人的起点与基点，具有其他教育所没有的优势。

第一章 家庭教育 无声的爱

1. 家庭教育的早期性

家庭是儿童生命的摇篮，是人出生后接受教育的第一个场所，即人生的第一个课堂；家长是儿童的第一任教师，即启蒙之师。所以，家长对儿童所进行的教育具有早期性。一般来说，孩子出生后经过三年的发育，进入幼儿时期，3—6岁是学龄前期，也就是人们常说的"早期教育"阶段，这是人身心发展的重要时期。我国古谚说："染于苍则苍，染于黄则黄。"幼儿期是人生熏陶逐渐发展的开始，人的许多基本能力是这个年龄阶段形成的，如语言表达、基本动作以及某些生活习惯等，性格也在逐步形成。美国心理学家布鲁姆认为，一个人的智力发展如果把他本人17岁达到的水平算作100%，那么4岁时就达到了50%，4—8岁又增加了30%，8—17岁又获得了20%。可见，幼儿在5岁以前是智力发展最迅速的时期，也是进行早期智力开发的最佳时期，如果家长在这个时期所实施的家庭教育良好，将是孩子早期智力发展的关键。古往今来，许多仁人志士，卓有成效的名人在幼年时期受到良好的家庭教育，是他们日后成才的一个重要原因。如德国大诗人、剧作家歌德的成才，很大一部分原因就是得力于家庭的早期教育。在歌德2—3岁时，父亲就把他抱到郊外野游，观察自然，培养歌德的观察能力。3—4岁时，父亲教他唱歌、背歌谣、讲童话故事，并有意让他在众人面前讲演，培养他的口语能力。这些有意识的教育，使歌德从小乐观向上，乐于思索，善于学习。歌德8岁时能用法、德、英、意大利、拉丁语、希腊语阅读各种书籍，14岁写剧本，25岁用一个多月的时间，写成了闻名于欧洲的诗歌《少年维特的烦恼》。再如古代以"父子书法家"著称的王羲之、王献之，有过1350多项发明的大发明家爱迪生，一代文学巨匠郭沫若、茅盾等名人的成长过程，说明了家庭教育对早期智力开发是十分重要的。反之，人的幼年时期得不到良好的家庭教育而影响智力正常发展的事例也是为数不少的。如印度"狼孩"卡玛拉，从小被狼叼去，8岁时被人发现，但其生活习惯已与人完全不同，与狼几乎一样，四肢爬行，吃生肉，昼伏夜行，后来经过人为的训练，两年后才能站立，六年后可以像人一样行走，四年内学会了6个单词，在他17岁时，智力水平仅达到3岁孩子的水平。据《中国妇女报》披露，我国南京市一姓马的工人因患有精神性心理疾病，深怕孩子受人迫害，将自己的三个子女从小锁在家中，不让他们与外界接触，长达十几年，致使这些孩子智力低下、言语迟缓，与同龄人相比，智力及生活能力差异很大，近于白痴。所以相比于学校和社会，我们必须高度重视家庭教育早期性的作用。

2. 家庭教育连续性

家庭教育第二个特点是连续性。孩子出生后，从小到大，几乎2/3的时间生活在家庭中，朝朝暮暮，都在接受着家长的教育。这种教育是在有意和无意、计划和无计划、自觉和不自觉之中进行的，不管是以什么方式、在什么时间进行教育，都是家长以其自身的言行随时随地地教育影响着子女。这种教育对孩子的生活习惯、道德品行、言谈举止等都在不停地给予影响和示范，其潜移默化的作用很大，伴随着人的一生，可以说是活到老学到老，所以有些教育家又把家长称为终身教师。这种终身性的教育往往反映了一个家庭的家风，家风的好坏往往要延续几代人，甚至于十几代人、几十代人，而且这种家风往往与家庭成员从事的职业有关。如"杏林世家""梨园之家""教育世家"等。同时，家风又反映了一个家庭的学风，学风的好坏也往往延续几代人、十几代人、几十代人。如在中国近代，无锡人严功增补清《国朝馆选录》，统计自清顺治三年丙戌科至光绪三十年甲辰科，状元共114人，其中父子兄弟叔侄累世科第不绝者，如苏州缪、吴、潘三姓，常熟翁、蒋两姓、浙江海宁陈、查两姓。从上面的资料可以看出，家庭教育的连续性往往对人才群体的崛起有着重大影响。这种情况在古代、近代比较突出，在当代随着科技的发展、社会的需求和职业的增多，人们的择业面宽，一个家庭中的所有成员不可能都从事同一种工作，但都不乏见到这种情况，即有些家庭成员工作中屡屡出成绩、受表彰，而有的家庭中成员违法犯罪接二连三。这些都与家庭教育的连续性有着很密切的联系。

3. 家庭教育的权威性

家庭教育的权威性是指父母长辈在孩子身上所体现出的权力和威力。家庭的存在，确定了父母子女间的血缘关系、抚养关系、情感关系，子女在伦理道德和物质生活需求方面对父母长辈存在很大的依赖性，家庭成员根本利益的一致性，都决定了父母对子女起着较大的制约作用。父母的教育易于被孩子接受和服从，家长合理地根据这一特点加强对孩子的教育，对孩子良好品德和行为习惯的形成是很有帮助的。对于幼儿来说，尤其如此。幼儿在与其他小朋友玩耍游戏的过程中，当出现争执情况时，往往引用父母的话来证实自己的言语行为是对的，如他们喜欢说："我爸爸是这样说的"或"我妈妈是那样做的"等等。父母在孩子心目中的权威性决定着孩子如何看待接受幼儿园、学校及社会的教育。孩子与父母之间的关系，是孩子最先面临的一种重要的社会关系。在这种关系中，几乎体现了社会人伦道德的各个方面。如果在这种关系中形成裂痕和缺陷，孩子以后走向社会，在各种人际关系中就会反映出来。因此，强调父母权威的重要，还因为父母在孩子幼年时代始终扮演着双重角色，即既是孩子安全生存的保护者，又是孩子人生启蒙的向导。父母教育的效果如何，就看父母权威树立的程度，父母权威的树立必须建立在尊重孩子人格的基础上，而不是封建的家长制上，明智的家长很懂得权威树立的重要性，更懂得权威的树立不是靠压制、强求、主观臆断，而是采用刚柔相济的方法。父母双方在教育子女的态度上首先需要协调一致，并相互配合，应宽则宽，应严则严，在孩子面前树立慈祥而威严的形象，使孩子容易接受父母的教育。

4. 家庭教育的感染性

父母与孩子之间的血缘关系和亲缘关系的天然性和密切性，使父母的喜怒哀乐孩子有强烈的感染作用。孩子对父母的言谈举止往往能心领神会、以情通情。在处理发生在周围身边的人与事的关系和问题时，孩子对家长所持的态度很容易引起共鸣。在家长高兴时，孩子也会参与欢乐；在家长表现出烦躁不安和闷闷不乐时，孩子的情绪也很容易受影响，即使幼儿也是如此。如果父母亲缺乏理智而感情用事，脾气暴躁，都会使孩子盲目地吸收其弱点。家长在处理一些突发事件时，表现出惊恐不安、措手不及的状态时，对子女的影响也不好；如果家长处变不惊、沉稳坚定，也会使子女遇事沉着冷静，这样对孩子心理品质的培养则会起到积极的作用。

5. 家庭教育的及时性

家庭教育的过程，是父母长辈在家庭中对孩子进行的个别教育行为，比幼儿园、学校教育要及时。常言道：知子莫若父，知女莫若母。家长与孩子朝夕相处，对他们的情况可以说是了如指掌，孩子身上稍有什么变化，即使是一个眼神、一个微笑都能使父母心领神会。故此，作为父母通过孩子的一举一动、一言一行能及时掌握此时此刻他们的心理状态，发现孩子身上存在的问题，及时教育，及时纠偏，不让问题拖延，使不良行为习惯消灭在萌芽状态。而幼儿园、学校中，教师面对几十个孩子，只能针对这个年龄阶段的孩子进行共性教育，也就是"群体教育"，因时间及精力所限，不可能照顾到每个孩子的特点，很容易出现顾此失彼的现象，甚至因此使孩子对教师的照顾不周而产生不信任感，而家长可以及时引导孩子端正认识。因此，家长对孩子进行正确的家庭教育既可以使孩子在进入幼儿园之前就形成良好的行为习惯，为接受集体教育奠定了很好的基础，又可以弥补集体教育存在的不足。

（二）良好的家庭教育是造就 21 世纪人才的必要条件

《中国儿童发展纲要 (2011——2020 年)》指出：儿童时期是人生发展的关键时期。为儿童提供必要的生存、发展、受保护和参与的机会和条件，最大限度地满足儿童的发展需要，发挥儿童潜能，将为儿童一生的发展奠定重要基础。这个目标明确了家长们肩负着为国家造就 21 世纪人才的重任。能否把这一代孩子培养成为德智体美劳全面发展的人，这关系到国家是否后继有人的百年大计。福禄贝尔还说过："国家的命运与其说是掌握在当权者的手中，倒不如说是掌握在母亲的手中。"这句话很有哲理性，它深刻地挑明了家长在教育子女中所起到的作用。家长首先要明确教育方向与国家利益、人民要求相一致的原则，不能把孩子视为私有财产，要树立为国教子的思想，端正教育目的。从孩子小时候就培养其正确的社会价值观和人生观，只有这样的孩子，长大后才能承担起建设祖国的使命。

（三）良好的家庭教育是优化孩子心灵的催化剂

孩子从婴儿期步入幼儿期，随着年龄的增长，由家庭这个小环境终将步入大社会，接触家庭以外的人群、事物。社会中那些真善美、假丑恶不时地进入孩子的视野，大人采取隔离手法是行不通的，因为家庭中的电视录像也会从不同角度不断地反映当今社会的现实，问题既有正面的，也有反面的。儿童特别是幼儿缺乏理性的辨别是非的能力，但有着比成人敏锐的感受能力。他们对身边发生的亲切的可怕的事物，敏感性很强，而这种敏感性正是培养理性辨别能力的良好基础，作为家长应当利用这一点帮助孩子在这种感受能力的基础上，发展对社会生活的辨别能力和心理承受能力，过滤社会信息，优化孩子幼小的心灵。如果家长在日常生活中能针对孩子年幼接受能力强的特点，抓住具体的日常琐事，帮助孩子认识并辨别社会中发生的是是非非，让他们具体地感受到真善美的光明的一面，也体会到丑恶的卑鄙，可以帮助孩子增强扬善除邪的正义感，从而抵制丑陋阴暗面对孩子心灵的侵蚀。例如，当今电视录像几乎步入城市居民中的每个家庭，孩子们几乎天天与它们打交道，可以说是不出自家门，便知天下事，从中可以了解来自世界各地的各种信息。这里有政坛风云、科技进步、凡人俗事的各种内容，从中可以学习很多知识，了解国内外大事、家内外小事。但也不可避免地使一些凶杀暴力、荒诞的镜头映入孩子的眼帘。家长要针对这些问题及时进行指导，提高孩子的鉴别能力，同时还要随时检讨自己的言谈举止，为孩子树立正面形象，优化儿童的心灵，预防儿童犯错误，甚至违法违纪。家庭做好这方面的工作，有助于安定小家庭大环境。家庭是社会的细胞，有了健康的细胞，才能有健全的肌体，细胞有病，就会引起肌体发病。古人云："身修而后家齐，家齐而后国治，国治而后天下平"的"齐家、治国、平天下"观点就是这个道理。为此,家长做好优化儿童心灵的工作对安定社会、安定国家功在千秋。

二、家庭教育四公式

公式一:表扬孩子的通用公式

表扬 = 陈述事实 + 确认事实的可贵性 + 表达感受 + 表达期望 + 身体接触。

表扬是让孩子继续努力的有效手段,所以必须做对动作才能收到预期的效果。

一个完整的表扬,必须按程序做对每一步。

1. 陈述事实

陈述事实,即孩子做对了什么事情,家长要明确地告诉孩子,他什么地方做对了,什么行为被肯定和欣赏。这样做的结果是,孩子知道自己因为什么而被表扬,他下次可以继续做。

2. 确认事实的可贵性

即让孩子知道家长为什么要表扬他,让他知道被表扬的真实理由,知道自己行为的真实尺度,从而对自己的行为有一个正确的评估,产生自豪感。

3. 表达感受

家长一定要表达为孩子高兴的感情。这种为孩子取得成绩而替孩子高兴的感受,是一股巨大的推动力,使孩子会继续把事情做下去。

这里的关键是家长为孩子高兴(即家长说"我真的为你高兴"),而不是家长自己高兴(即家长说"我真高兴")。

4. 表达期望

即家长表达完为孩子取得优异成绩而高兴的感受后,还要表达新的期望。也就是告诉孩子,只要他继续努力,他会做得更好。

这里的关键是家长要表达宏观的期望,也就是说,家长应该笼统地说:"我相信你以后会做得更好!"而不能提出具体要求。表达期望,实质是暗含着告诉孩子,学习无止境,他还得继续努力,同时也表达了家长对孩子学习潜力的信任。

5. 身体接触

在表扬孩子的场合,家长如果能够拥抱孩子或拍打肩膀或抚摩孩子的头发,那效果会倍增。

毕竟,作为家长,应当明白,表扬的目的是让孩子有向上的动力。身体接触,会让孩子直接感受到家长所传达的力量。

公式二:批评孩子的通用公式

批评公式:批评 = 陈述事实 + 确认可罚性 + 表达感受(痛苦)+ 保住孩子的自我价值 + 期望。

我们批评孩子的目的是让孩子改正错误,以后不再重犯,并且能够做对的事情。为了达到这个目的,我们就必须把批评的步骤都做对,才能收到预期的效果。要实施一次有效的批评,必须做到以下几点。:

1. 陈述事实

也就是说，要直接告诉孩子他做错了什么事情，把他做错的事情说清楚，这是批评他的前提。

2. 确认可罚性

这是告诉孩子为什么要批评他，确认错误的严重性和对孩子以及别人的伤害性，给出批评的理由。

3. 表达感受

这主要是表达痛苦与愤怒的感受，这是要告诉孩子他的行为，使你感到非常痛心，由此让孩子找到痛苦，让他把他的错误行为与痛苦连接在一起。

4. 保住孩子的自我价值

这是说，让孩子认识到，虽然他的行为错了，但是你依然认为他是一个好孩子，并没有因为他犯了一个错误，就改变你对他的看法。在你心中，他的"行为"虽然出了错误，但是他的"人"还是个好人，这样他才有改变缺点和错误的动力。

5. 表达期望

这是在告诉孩子，尽管他犯了错误，但是你依然对他有信心，并且你还期望他能够好起来，这是他往正确的方向发展的动力源泉。

公式三：感觉 > 行为 > 说教 > 打骂

感觉、行为、说教、打骂这四种不同的方法中，感觉胜于行为，行为胜于说教，说教胜于打骂。

在美国的加利福尼亚，有一位女士养了一只珍贵的鹦鹉。这只鹦鹉非常美丽，可是它却有一个坏毛病：经常咳嗽且声音沙哑难听，好像喉咙里塞满了令人作呕的痰。女主人十分焦虑,急忙带它去看兽医,生怕它患上了什么呼吸系统的怪病。

检查结果证明,鹦鹉完全健康,根本没有任何疾病。女主人急忙问,为什么鹦鹉会发出那么难听的咳嗽声,医生回答说:

"俗话说,鹦鹉学舌。它之所以发出咳嗽声,一定是因为它经常听到这样的声音,你们家一定有人经常咳嗽,是吗?"

这时,女主人有些不好意思了。原来,她自己有抽烟的习惯,所以经常咳嗽,鹦鹉只不过是惟妙惟肖地把女主人的咳嗽声模仿出来而已。

家长在与孩子相处的过程中,综合传递的感觉是直接被孩子接收到的。这正是孔夫子说的"身教胜于言教"!

很多家长说:"教育孩子,首先要以身作则。"这在孩子的人格教育上是正确的。但在做事上,不全是这样的。在教育孩子问题上,一个优秀的家长,你可以什么也不做,仍然可以把孩子激励起来。这其实是对孩子行为的教育。

你对孩子的爱、关怀、信任、期望……你的目光所综合传递的感觉直接就被孩子所感觉到,这是直通车。感觉要经过孩子的大脑,行为要经过孩子选择,孩子觉得这个行为好,所以他模仿,他选择,然后进入了他的生命里。说教要经过他的大脑,他的价值判断,有没有道理,"没道理,你们成年人就这么说!你这么说,这是你的事!"他可能把你的说教全过滤了!而感觉是直达孩子的灵魂深处。

对于家长来说,如果我们平时没做对事情,又希望孩子力争上游,发奋图强,那是没有可能的。

公式四：好父母 + 好家教 = 好孩子

没有天生成功的父母，也没有不需要学习的父母，成功的父母都是不断自我学习提高的结果。每一个人在做父母之前都要学习相关的知识，关于怎样做父母的意识和知识准备得越早越好，越充分越好。

1. 好孩子都是教出来的

有些人可能会说，有那么多父母并不认识字，不也教育出好孩子了吗？其实，不识字并非不会教育，这些父母同样是教育孩子的高手。

2. 好习惯都是养出来的

优秀孩子多是优质教育的结果，孩子问题多是问题家庭的产物。孩子的问题大多不是孩子自身造成的，而是父母问题的折射，父母常常是孩子问题的最大制造者，同时也是孩子改正错误与缺点的最大障碍者。当务之急的不是教育孩子，而是教育父母，没有父母的改变就没有孩子的改变。

3. 好成绩都是帮出来的

关于应试教育，是学校和家长都回避不了的问题，这需要学校和家长们共同适应。面对应试教育的现实，帮助孩子适应应试教育也就成了我们父母一份应尽的义务，而帮助孩子减负的最好办法是我们父母增负，就是我们父母能够成为孩子学习上的导师。

4. 好沟通都是听出来的

优秀的父母的良好沟通来源于自觉地遵守了这样三个步骤。第一个步骤是倾听，就是让孩子把话说出来，并且听懂孩子话里的真实意思。第二个步骤是理解，就是站在孩子的角度想想是不是有道理，结果往往是有道理的。第三个步骤是建议，就是有道理但孩子并不一定就能采取正确的行动，因此父母这时应当给予孩子合理的建议。在这三个步骤中，倾听是父母们做得最差的。

在教育孩子时，方式方法是非常重要的，良好的教育，能帮助孩子实现快速发展，那么家庭中应当注意哪些不错的教育方法呢？

三、家庭教育的方法

1. 要尊重孩子的言谈举止

在教育孩子时，其中很重要的一点就是尊重孩子的一言一行，只有懂得尊重的孩子，才会去尊重别人。所以，家长在日常和孩子相处时，要充分尊重孩子的人格，不要对孩子说"你真笨，还不如邻居的小强；你都能做点什么啊？"这些不负责任的话，其实很伤害孩子的自尊心，不能乱说。

2. 要鼓励孩子有所作为，也告诉孩子有所不为！

在教育孩子时，应当告诉孩子有所为、有所不为，就是让孩子做应当做的，比如学龄前小孩子就是玩，从玩中再学；不该孩子做的，不能让孩子做。比如撒谎、懒散的学习行为等，家长要告诉孩子，即使开玩笑，也是"走在撒谎的道路"上了。

因此，我们在教育孩子时，应当让孩子知道自己应当做什么，把主要精力用在该做的事情上。

3. 让孩子学会为自己的行为埋单

对于孩子来说，应当从小学会承担自己的错误，学会为自己的行为埋单。不能总是让家长替孩子承担责任，比如孩子玩弹弓时，打坏了邻居的窗户玻璃，家长可以给邻居赔偿，但是需要孩子给邻居道歉，并且赔偿的费用，给孩子记下来，让孩子长大后自己还给家长。

4. 鼓励孩子保持天真和一定的创造力

孩子都应当是天真的，而且有一定的创造力。所以，家长不要剥夺孩子的天真，不要给孩子灌输太多的人情世事，就是不要让孩子"太成熟"，否则孩子就会失去自己的本性。

当孩子因为调皮而让家长生气时，家长不要过度惩罚孩子，应当用巧妙的话语来教育孩子。

5. 家长要给孩子最好的祝福，让孩子做最坏的准备

在家庭教育时，父母都想自己孩子做得很好，都会进行很多鼓励，但是孩子不可能没有失败，所以在鼓励孩子时，应当提醒孩子做好失败的准备。这种危机意识对孩子来说也是非常需要的，因为一旦孩子没有这种意

识，遇事失败了就很难适应，往往就会垂头丧气。比如家长安排孩子画小鸟，当孩子画不出来，或者画的样子被别人看成是小狗，孩子就会很受挫，如果家长提前告诉孩子，画错了是很正常的，这样孩子就能坦然面对失败了。

6. 教育孩子不要走极端，应当对不同情况区别对待

在进行家庭教育时，有的家长往往过于暴力，拳脚相加地对待孩子；或者宠爱过分，不让孩子受一点儿委屈。这两种极端的方式都不利于孩子成长，因为对待孩子，要不同情况区别对待，屡次犯错仍不改的孩子，就要适当采取惩罚措施，但是不要动手动粗，应当采用更为合适的方法，比如让孩子做家务来惩罚；对于有的家长对孩子犯错视而不见，更是不合理，不能过于宠爱孩子，过于宠爱孩子就等于害孩子了。

7. 相信宽容的力量

对待经常犯错误的孩子，宽容比批评更加有效。

陶行知先生当校长的时候，有一天看到一位男生用砖头砸同学，便将其制止并叫他到校长办公室。当陶校长回到办公室时，男孩已经等在那里了。

陶行知掏出一颗糖给那位同学，说："这是奖励你的，因为你比我先到办公室。"接着他又掏出一颗糖，说："这也是给你的，我不让你打同学，你立即住手了，这说明你尊重我。"

男孩将信将疑地接过第二颗糖，陶先生又说道："据我了解，你打同学是因为他欺负女生，这说明你很有正义感，我再奖励你一颗糖。"

这时，男孩感动得哭了，说："校长，我错了，同学再不对，我也不能采取这种方式。"陶先生于是又掏出一颗糖："你已认错了，我再奖励你一颗。我的糖发完了，我们的谈话也结束了。"

【父母讲给孩子听的故事】

教育孩子做事要靠自己

给孩子讲一个《鹌鹑和她的孩子们》的故事,作者是德国诗人布·瓦尔迪斯。

一只鹌鹑在麦地中间筑巢。当她的孩子们渐渐长大,麦子变黄的时候,她对小鹌鹑们说道:"农夫收割麦子的日子快要到了,我现在出去给你们找食。我不在的时候,你们都给我待在巢里别动,小心点儿,别让任何人发现你们。如果那个农夫来了,你们留神他说的话,听他什么时候要割麦子,我们要见机而行。"说完,老鹌鹑便飞走了。

不一会儿,农夫带着他的儿子来到了麦田,察看了一下麦子,然后对儿子说:"麦子成熟了,我们应当收割了。我明天一早就去邻居那儿,同他们商量,请他们来帮助我们收割。"

又过了一会儿,老鹌鹑嘴着给孩子们的食物飞回来了,问他们是否听到点什么。一只小鹌鹑回答说:"那农夫同他的儿子来过了,他说:明天他要去请邻居来帮助割麦子。"

老鹌鹑听后说:"别怕,这麦子还不会马上割的,因为那些邻居不会那么快就答应帮别人干活的。"

第二天一大早,老鹌鹑又要外出觅食了,她对小鹌鹑们说:"留点神,孩子们,那农夫准备什么时候割麦子,看是否能听到一些新的消息。"那农夫又来了,对他的儿子说:"我看,谁也不会来了。这些邻居都靠不住。我要去同亲戚朋友谈谈,让他们明天来帮我们收割。这麦子再不割的话,就要烂了。"

当老鹌鹑回家时,小鹌鹑们叽叽喳喳地说:"妈妈,快给我们在别的地方筑一个新的巢吧！那农夫明天就要带他的亲戚朋友来割麦子了。"

可是，老鹌鹑回答说："亲爱的孩子们，那些亲戚朋友也不会马上到一个外乡的农田里来干活的，所以，你们注意听着农夫明天说的话！"

到了第二天早上，那农夫和他的儿子又来了，农夫非常伤心地朝麦田扫了一眼，说道："我看，想靠别人的帮助都是不行的，不管是邻居，还是亲戚朋友。这庄稼今天是割不成了。两把锋利的镰刀已经摆在粮仓里了，明天一早我们两个就开镰，这麦子不能再耽搁了。"

小鹌鹑马上就把这个新消息告诉了他们的妈妈。老鹌鹑听了说道："瞧，这才是真正的收割时间。我们迁移的时间也到了，寻找别的住所去吧！亲爱的孩子们，起身吧！明天早上我们还待在这里的话，那么我们大家的生命恐怕就保不住了。"

自己的事情要靠自己做，常言说得好：路在自己的脚下。

第2章

提高兴趣 巧用妙招

引 言

【故事一】

在接到新班的第二个周四下午,学校安排了两节作文课,我想用日本作家新美南吉的《去年的树》引出课堂教学。

"一只鸟儿和一棵树是好朋友。鸟儿坐在树枝上,天天给树唱歌,树呢,天天听着鸟儿唱。日子一天天过去,寒冷的冬天就要来到了。鸟儿必须离开树,飞到很远很远的地方去。树对鸟儿说:再见了,小鸟!明年请你再回来,还唱歌给我听……"刚讲到这里,我便看到班里最调皮的男生李昶志开始低头翻书包,嘴里还在不停地嘟囔着什么,我想这个小家伙毛病又犯了,今天一定要给他一个教训。

于是,我快步走下讲台,来到他座位前,问他在做什么,他笑眯眯地说:"老师,我读过这则故事,你看这本书上有!在第92页!"他竟然脱口说出了页码,我让他打开看看,果然是这则故事。我当着全班同学的面很认真地对他提出两点表扬:"同学们,今天我要表扬一下李昶志,第一,他的课外阅读量比较广,你们看他平时不仅读中国作家的书籍,还阅读外国作家的一些故事。第二,表扬他记忆力好,读完的故事还能清楚地记得页码。可见李昶志是个热爱阅读的孩子,我很敬佩他!"这种郑重其事地表扬对成绩不佳,甚至对学习有点自暴自弃的李昶志来说太意外了,他的眼圈竟然红了。

从此之后,他对阅读产生了浓厚的兴趣,经常看到他坐在班级里、操场旁、草坪上安静读书的身影,作文水平提高也很快。后来,在河南省举办的"黄河母亲"征文比赛中他还获奖了呢!

现在想来还有点儿后怕,一念之差,我差一点儿扼杀了一个孩子的阅读兴趣,很庆幸让他把话说完。同时,我也深深地感受到积极地鼓励、认可、肯定,是提高孩子学习兴趣最得力的法宝之一。

【故事二】

学习吃糖的家长们

这则故事里的主人公不是孩子,而是成人。有一次做家庭教育讲座时,受某电视节目的启发,我给现场的家长朋友们做了一个有趣的体验活动,叫做"吃糖"。

每个家长手里有一颗小指甲盖大小的水果糖,我问一位家长:"您会吃糖吗?"她不屑地答道:"糖谁不会吃?剥开糖纸放进嘴里,嚼碎咽下就吃完了。"周围的家长一片笑声,听得出,好像在说:"是啊!谁不会啊!""吃糖有什么意思?"

我笑了笑说:"吃糖可不是刚才那位家长所说的那么简单。今天我们来体验一下。""我们可不能像猪八戒吃人参果那样,连人参果的滋味都

第二章 提高兴趣 巧用妙招

不知道！"接着我指导他们："请用眼睛认真观察手中的糖，在十秒钟内，看出窍门？十、九、八……"此时全场肃静，只见大部分家长拿着糖眼睛一眨都不眨地盯着糖，少数家长无动于衷。

"三、二、一，停！我来问这两位家长，你们看到什么？"两个家长回答："黄色的糖果，圆柱形的。""闪闪发光的糖纸。"我问："还看到什么？"他们摇摇头表示没有了。我说："还有。"他们继续看，那几个不动的家长也拿起糖看了起来。

"糖有多大？什么质地？"我提示道，"我们的眼睛可以看糖果的形状、颜色、大小。"家长们点点头，接着，我又请家长用手摸糖，再打开糖纸闻一闻糖的气味，这下再也没有家长无动于衷了。

随后又分步骤进行了舔糖、咬糖、嚼糖和咽糖，让家长们一步一步地体验着，原来家长们那种无所谓、不感兴趣的表情不见了，看到的只有那一张张认真的脸、一双双充满好奇心的眼。有位家长说得好："原以为吃糖很简单，没想到这颗糖吃得这么有滋味！"另一位家长带着依依不舍的表情说道："我真不想一口吃完它，还想好好品一品！"

"是的，刚才我们简单的吃糖，确切地说，应当叫品糖，我们用看、闻、听、摸等方法品糖，真正品到这颗糖的色香。善于观察，就会对身边的事物感兴趣，就会热爱生活。这好比家长教育孩子的过程中只有用心，才能发现孩子的兴趣。"

从这两则故事中我们可以得到以下三点启发。

(1) 培养兴趣需要有好奇心。开始家长对吃糖的兴趣不大,因为都以为会吃,但是一系列的活动和提问让家长感到还有很多不了解的事,就产生了好奇,开始对吃糖感兴趣。

(2) 培养兴趣需要善于观察。对待学习也是如此。家长运用五官观察的方法来"吃糖",其实就是"品糖",一个"品"字三个"口",品出种种滋味就会产生兴趣。

(3) 兴趣是阶梯型上升的。家长对简单的吃糖应当是无兴趣的,而增加了观察元素,就多了许多未知的元素,于是新的兴趣就来了。

说到学习兴趣,一般总是与学校的学习挂钩,与家庭作业联系,这是狭隘的、有局限的。请注意,孩子平时的一举一动都在学习,哪怕是玩游戏、玩电脑。因此,家长要善于发现孩子的兴趣,引导孩子运用自己的观察能力、记忆能力和操作能力,对感兴趣的内容进行研究性的学习。

对于学习家长不要过于功利化,学习的目的是提高孩子的综合素质和能力,确切地说培养孩子将来能够幸福生活的能力。

一、什么是学习兴趣?

大家知道吗?仅靠自身努力只可以获得短暂的小成功,若想获得大成功不仅需要刻苦的精神,还需要对某项事物保持浓厚的兴趣。就比如爱迪生如果仅靠刻苦,而没有对科学痴迷般的热爱,也不会支撑他成为举世闻名的发明家。那么什么是学习兴趣呢?从教育心理学的角度来说,学习兴趣是一个人倾向于认识、研究获得某种知识的心理特征,是可以推动人们求知的一种内在力量。学生对某一学科有兴趣,就会持续地专心致志地钻研它,从而提高学习效果。学习兴趣可以划分为直接兴趣与间接兴趣、个体兴趣与情境兴趣，发生、发展的过程一般是有趣、兴趣和志趣。家长可以通过呵护孩子的好奇心、创造愉悦的学习环境、亲近大自然等方法培养孩子的学习兴趣，教师培养、提升学生学习兴趣的方法一般有寓教于乐、提问设疑、改进教法等。

二、学习兴趣的重要性

著名心理学家皮亚杰认为，一切有成效的工作必须以某种兴趣为先决条件。实践证明，当人们对某方面的事物感兴趣的时候，这种兴趣会引导他积极地从事这方面的实践活动。当学生对于所学内容感兴趣的时候，学生就会自觉地集中注意力，全神贯注地投入学习活动。这时的学生有旺盛的求知欲，对所要学习的新知识和相关的旧知识会格外用心理解，精力高度集中。可以说，从情感上和认知上都为将来的学习做了良好的准备。

如果学生有学习兴趣，他们就会处于积极的精神状态，就能在学习过程中抵制疲劳，并不断获得心理愉悦。学生能最佳地接受教学信息，理解就会迅速，记忆就会牢固，学习效率就会得到提高，学习效果当然也就得到改善。所以，孔子说："知之者不如好之者，好之者不如乐之者。"

兴趣的力量是极其巨大的。古往今来有成就的人，他们的成功往往就来自于执着的追求，来源于他们在青少年时代的兴趣与爱好。我国著名心理学家林崇德先生说："天才的秘密在于强烈的兴趣与爱好。"昆虫学家法布尔说："兴趣能使精力集中到一点，其力量好比炸药，立即可以把障碍物炸得干干净净。"同样，兴趣可以使达尔文把甲虫放进嘴里，可以使俄国百科全书式的科学家、语言学家、哲学家和诗人罗蒙诺索夫为换来一本书而替别人干了40天的活……

经验告诉我：要想让孩子真正地主动学习，就必须培养他们浓厚的学习兴趣。学习兴趣是学生主动掌握、领会科学知识和培养能力的必要条件。

一个孩子来到世界上，他对周围世界的认识就开始了。随着年龄的不断增长，对周围世界好奇心的广度和深度也在不断增加，会提出很多千奇百怪的"为什么"。如果能适当地保护好儿童的这些好奇心和求知欲，会使这些好奇心和求知欲转化为比较稳定、持久的兴趣，而兴趣又可以驱使他们继续学习、探究，促进他们形成积极的个性特点。可见，兴趣可以促进学生的个性发展。

三、了解孩子兴趣发展的特点

我们想培养孩子的学习兴趣，就先来了解一下孩子兴趣发展的特点吧！

1. 由直接兴趣逐渐向间接兴趣转化

孩子的好奇心是很强的，他们对于许多事物都感到新鲜、有趣，从而趋向于接触、认识和掌握它们。但是，他们的兴趣有一个发展的过程。在低年级，由于知识的贫乏，活动的目的性差，因而，他们的兴趣往往容易受当前具体生动的形象所吸引和诱惑，总是从对事物本身的喜爱出发来认识事物。比如，他们的学习兴趣，并不完全是由于对学习活动的意义和结果的认识而产生的，而是对学习过程本身产生的兴趣。例如，教学中的游戏、教师讲的动人故事、教师和蔼可亲的态度等，都能激发孩子的兴趣。到了中高年级，他们的认识水平提高了，对活动的目的性不但有所认识，

而且能主动去关心。这时,他们对于事物的兴趣就不完全是由于事物本身的新异、动人引起的,而是由于他们的某些目的、需要所激起的。这样,间接兴趣便得到了发展。例如,学生对某门功课或某种活动不感兴趣,但能在教师的帮助下认识到它的意义,从而积极参加,并取得成效。

2. 兴趣广度逐步扩大,但缺乏中心兴趣

孩子入学后受到教育教学的影响,学习活动的兴趣范围逐步扩大,从课内的学习兴趣扩大到课外的学习兴趣,从阅读童话故事的兴趣扩大到阅读文艺作品的兴趣,从对玩弄小玩具的兴趣扩大到对科技活动的兴趣等。孩子的兴趣范围是扩大了,但还未形成中心兴趣。教师应注意培养他们的中心兴趣,指导他们围绕中心兴趣扩大兴趣范围,增长知识,开阔自己的眼界。

3. 逐渐由不稳定向稳定发展

低年级学生的兴趣还不够稳定,既可以很快地产生,也可以很快地消失。比如,他们可能一会儿喜欢写字,一会儿又喜欢画画,一会儿喜欢阅读,一会儿又喜欢计算。到了中高年级,孩子兴趣的稳定性稍微强一些,保持的时间也稍微长一些。

4. 环境与学习情绪的关系密切

有研究显示,小康阶级家庭的子女早期的学习表现比低下层高,尤其是男孩子。这说明了环境会影响学习的情绪,男孩与女孩在这方面又有差异:女孩子要坐在固定的位置才能专心读书,要她们时常适应新环境,她们会很辛苦;男孩子则相反,他们可以走到那里便读到那里,甚至在播放着劲歌的环境中,也可照样读书。作为父母的,可要留意这些细节。

四、导致孩子缺乏学习动力的不良教育习惯

具备学习的动力是学生学好知识的源泉,学习的动力问题一直是教育

心理学和教学理论及实践关注的特别重要领域之一，也是广大家长和老师急切希望解决的问题。学习兴趣与学习动力之间存在什么样的关系？

不少中小学生的家长都会为督促孩子用功读书而感到烦恼，总是认为他们学习不积极、欠主动。有时，更怀疑孩子是否天生不爱学习。事实上，孩子的学习动力是与生俱来的。相信家长们仍会记起孩子在两三岁时，总爱每事问及对外界事物充满好奇的情境，但为何孩子年纪越大，越会缺少内在的学习动力呢？学校文化、评核制度、课程内容与教学方法等都是其中的重要影响因素，而家长的态度行为模式及管教方法更不容忽视。

以下将通过几个事例，分析家长们如何在不知不觉间令孩子的内在学习动力不断流失。

(1) 孩子向你提问时，是否即时把所知道的告诉他？

如果我们这样做，就会令他们无法体验自己寻找答案的乐趣，因而扼杀了他们的内在学习动机，同时更会让他们养成依赖及易放弃的习惯，令他们失去自学能力。

(2) 当孩子要求你帮忙做某些科目的练习，如搜集或整理资料等，你会帮忙吗？

相信不少家长都会帮忙，甚至会视为"家长作业"般尽心尽力地完成。然而，孩子因此而失去了一次难得的学习机会，即通过练习学习沟通及资料处理等技能及发挥多元智能。

(3) 孩子告诉你他被同学欺负时，你会怎样做？

大部分家长会教孩子告诉老师，亦有些家长会亲自到学校教训那个同学一顿。但是以上做法会否令孩子变得更加依赖老师、家长呢？孩子可能会相信只有依靠别人，甚至是权威才能解决问题。其实，我们从另一个角度来看，就会发现孩子被欺负的遭遇，是一个很好的学习机会。它可以培养孩子的解决问题、保护自己及与人相处等方面的能力。家长不妨按孩子的心智成熟程度，与他们共同讨论应当如何面对这种处境。我们要耐心地聆听他们的感受及想法，并鼓励他们从不同角度思考解决方案。假若，他们提了一些不恰当的做法如报复或攻击性行动，家长需多花心思以提问的方式，启发他们思考，尽量引导孩子思考及想象各种方案带来的后果，并鼓励他们反思能否承担后果问题。最后，要让孩子实践他们认为最好的方案并进行事后检讨。

（4）是否当孩子专心做某项活动时（如读小说等），你会催促他做功课？

这似乎是很自然的事，不过这样做却给孩子带来不少负面影响。首先，孩子会因此而失去一次专心投入的机会，从而令他们无论在学习、游戏或工作上都缺乏投入感与专注力。同时，由于他们认为因功课而令他们无法继续该项活动，他们会对功课产生一种厌恶感。其次，他们也会因此而产生一些负面情绪，如烦躁、抵触情绪或压抑不满等。他们更会误解父母，认为他们不疼爱或不了解自己。

若要避免发生这种两难处境，家长可以经常锻炼孩子的自律能力。通过不同的形式，让孩子充分明白他们的权责及反思能否承担种种后果。在进行该项活动前，鼓励他们先完成功课、自行制定完成该项活动的时间，及因未能达到制定的目标而承担的后果等。另外，我们更应重视"从游戏中学习"及孩子的成就感的意义，不要忘记让孩子体验关爱和成功。

从以上的事例中，反映出我们因为过分疼爱与保护子女，因而令他们失去了不少学习机会，更令他们患上"学习依赖症"，使孩子的内在学习动力与潜能得不到充分的发挥。

五、孩子缺乏学习动力的不良表现

1. 逃避学习

不愿上课，上课没有成就感，无抱负和期望，无求知上进的愿望。

2. 焦虑过度

缺乏自尊心、自信心，学习成绩不优秀不觉得丢面子。

3. 注意力分散

学习动力缺乏会使注意力涣散、兴趣转移，易受各种内外因素的干扰，因而对学习以外的事反而兴致勃勃，不惜花时间，常常喧宾夺主、主次颠倒。

4. 厌倦、冷漠的情绪

5. 缺乏适宜的学习方法

6. 学习无目标无计划。

缺乏学习动力的原因分为内部原因和外部原因。内部原因表现为：①学习的动机不明确；②对所学专业缺乏兴趣；③错误归因。外因是指来自社会、学校和家庭等方面的原因。有的家庭急功近利、攀比心理过强，这些因素都会对学生造成不良影响，甚至成为学生中途退学的隐性原因。

六、有效提高孩子学习动力的方法

你是否需要请家教逼孩子念书，但他的测验考试才刚刚及格？如何激励子女建立自发性的学习动力，相信是不少父母正要解决的问题。从北大、清华才子的成功经验来看，自信心对学习起着极大的作用，下面介绍几位才子提高自己自信心的方法。读者可以根据自己的情况采取下述一种或几种坚持试用，必有成效。

1. 培养孩子的"好奇心"

要激发子女的学习兴趣，首先要培养孩子的"好奇心"。好奇心代表喜爱接触新事物，当一个人对新事物接触越多，他就会越想知道更多；想知道更多，而这正是学习动力的来源。可是，很多时候父母都不鼓励甚至压抑子女的好奇心。家长带孩子上街时，他可能会指东指西让他们看，但通常也会多加一句："不过，不要看太久啊。"有时，孩子观察事物时，父母又会加以阻挠。孩子之所以问完父母第一个问题后，便不再问第二个，就是因为他们知道父母不喜欢他们追问下去，但其实发问正是学习的动力之源。

因此，身为父母不仅不应该压抑子女的好奇心、禁止子女发问，反而要鼓励他们，因为长大后，他就不一定想知道那么多了。父母也应当多带子女上街，让他们多接触新事物。当然，如果父母本身就是一个有高度好奇心、很爱发问的人，那对孩子的影响就更大了。

2. 注重孩子的实际进步，不要过分关注成绩

如果父母本身是一个不会问、不爱寻求答案的人，子女问人的经验一定不会丰富，向人发问也不会超过两个问题。所以"以身作则"真的很重要，而"以身作则"又应用在父母对"错"的反应上。父母有没有"知道什么是对""错了不要紧，问人吧！"或"重头再来吧！"……这些观念最重要，而不是死要面子、永不认错，只懂虚张声势。你是否是那种子女一做错事，就马上要"升堂"的父母？有九成父母对子女成绩表上的六十五分、五十六分都异常紧张，每当子女领回考卷、成绩单时，就会厉声问道："多少分呀？"这样，子女不是反过来安慰父母，就是掩饰他的低分，二者最终都只会导致学习动力下降。此外，"以人物实例向子女解释为何要念书"这个方法也不错。父母还可告诉子女所有亲人的职业，而这些职业又需要怎样的教育程度。这使孩子在感受到实实在在的成功后，也认识到学习知识的重要性。

3. 鼓励孩子在心底对自己说"我行，我能行"

有自卑感的同学评价自己，总认为自己不行。"我语文不行，我数学不行，我英语不行，我这不行那也不行。"越认为自己不行就越没有信心，越没信心就感觉越缺乏动力，甚至破罐子破摔。

有些同学，自己学习基础较差，快到期末考试时心里总想"我期中考试就没考好，我不行，这次还是考不好。反正是考不好，又得受家长的斥骂，就不想复习了"，那自然还是考不好。

为了克服自卑心理，树立自信心，要心中默念"我行，我能行！"默念时要果断，要反复念，特别是在遇到困难时更要默念。只要你坚持默念特别是在早晨起床后反复默念几次，在晚上临睡前默念九次，就会通过自我的积极暗示的心理，使自己逐渐树立信心，逐渐有了心理力量。

"天生我材必有用"，别的同学行我也能行。大家智力都相差不大，只要努力，方法得当，自己的成绩也能提高。其实即使学习成绩好的同学，他一放松努力，他的学习成绩也会下降。我要努力，学习成绩就会提高。

4. 开心事是信心的产物

每个孩子都有让自己特别开心的事，开心的事就是你做得成功的事，那是自己信心的产物、力量的产物。每个同学都有很多开心的事，多想自己最得意、最成功的事。例如：自己百米比赛获得优异成绩时的情景，回想那时自己心里的感受。

学习成绩偶尔一次的不理想，不要垂头丧气，可以回忆以前的成功，说明并不是我笨，我是能成功的，这样心里就踏实了，就有力量了，就相信我经过努力，还是能行的。

5. 常常微笑

没有信心的人，经常会愁眉苦脸、无精打采、眼神呆板。雄心勃勃的人，则眼睛闪闪发亮，满面春风。人的面部表情与人的内心体验是一致的。笑是快乐的表现，笑能使人产生信心和力量；笑能使人心情舒畅，振奋精神；笑能使人忘记忧愁，摆脱烦恼。学会笑，学会微笑，学会在受挫折时笑得出来，就会增强自己的信心。让孩子们仔细地体验一下微笑时的心理感受，自己对着镜子自然地微笑，体验一下自己内心的感受。看起来这个方法很简单，但是做起来确实有效果。当孩子逐渐养成了经常微笑的习惯，就会觉得内心充满了力量、充满了信心。

6. 不要垂头丧气

人在遭到挫折、气馁的时候，常常就会垂头丧气。垂头是没有力量的表现，是失败的表现，是丧失信心的表现。成功的人、得意的人、获得胜利的人则昂首挺胸、意气风发。

人的姿势与人的内心体验是相适应的，姿势的表现与内心的体验可以相互促进。一个人越有信心，越有力量便昂首挺胸。一个人越没有力量，越自卑就无精打采、垂头丧气。让孩子学会自然地昂首挺胸就会逐渐树立信心，增强信心。

7. 主动与人交往

见面主动与人打招呼，主动问候别人。按照常规，你问别人好，别人也会问你好，你对别人微笑，别人也会对你微笑。我们几乎很少见到你对别人微笑问候"你好"，别人会横眉竖眼对你说"你不好"，这是不符合人之常情的。孩子和人在微笑的问候中，双方都会感到人间的温暖、人间的真情，这种温暖与真情就会使人充满力量，就会使人增添信心。

8. 欣赏振奋人心的音乐

人们或许会有这样的情绪体验，当听到雄壮激昂的歌曲时，往往因受到激励而热情奔放，斗志昂扬；当听到低沉、悲壮的哀乐时，往往会使悲痛、怀念之情涌上心头。健康的音乐能调节人的情绪，陶冶人的情操，培养人的意志。当孩子受到挫折的时候，情绪低沉的时候，缺乏信心的时候，选择适当的音乐来欣赏，能帮助孩子振奋精神。

七、18种激发孩子学习兴趣的方法

提高孩子学习动力很重要的一方面是：如何激发和提高他们的学习兴趣？那么我们应当怎样来帮助孩子呢？怎样提高他们的学习兴趣呢？每个家长都希望自己的孩子学得既轻松愉快，又能取得好成绩。但往往很多时候不尽如人意，有的孩子一谈到学习就头痛，他们怕读书，怕做作业，更怕写作文。遇到这些情况，不少家长都束手无策、无可奈何，是什么原因造成孩子厌学呢？其实主要就是孩子对学习没有兴趣。学习兴趣是推动孩子学习的一种最实际的动力，它能够促使孩子自觉地去学。一般来说，孩子的学习兴趣与他们的学习成绩、学习信心是相辅相成的。孩子对某门功课有兴趣，学习成绩就会好，学习就有信心。因此，对孩子学习兴趣的培养很重要，如何去培养孩子学习的兴趣呢？

1. 尊重孩子的兴趣

现在很多家长从孩子一入学开始，就千方百计想孩子学得好，懂得多，所以家长把孩子的双休日、节假日都安排得满满的。事实上，孩子多学点东西是好的，家长这个出发点也是好的，但自己的孩子是否喜欢学呢？家长如果不理解、不顾及孩子的感受，就会使孩子学得非常辛苦、吃力，不想学。孩子好比各种树苗，有的像松柏苗，有的像杨柳苗，有的像榕树苗等，

无论是什么树苗，都可以长成各种各样的材料。所以做父母的责任，并不在于强迫孩子学这一样，不学那一样，而是应该多给孩子一些自由宽松的空间，让他们自己去选择感兴趣的、喜欢的事。例如，有些孩子喜欢动手操作，搞一些小制作。而家长就认为这与学习无关，就加以阻止，限制他们，不准他们做。其实，孩子在制作的过程中也需要动脑，不懂的时候，他们就去查阅有关的资料和书籍，这就是学习的过程，这样的学习孩子还会学得自觉、开心，况且在这样的活动中，不仅使孩子的思维能力得到发展，又能提高他们的动手操作能力。家长不但不应阻止他们这样做，还要根据孩子的这个兴趣特点，为他们提供有关的书籍，创造机会让孩子参加一些有益的活动和比赛。

许多事实证明，小时候培养的兴趣往往为一生的事业奠定了基础。有些做父母的对孩子寄托了很大的希望，但他们往往按照自己的主观意志去"规定"孩子的兴趣，而不是尊重孩子自身学习兴趣的发展规律培养孩子，这样往往会延误孩子的发展。

2. 与孩子原有的兴趣与相结合

要注意把孩子原有的兴趣与知识学习联系起来，以培养和激发新的兴趣。有的孩子一听到写作文就头痛，布置他写这个，他说没做过；写那个，他又说没去过、没见过，不知道怎样去写。事实上，有很多事孩子真的没有经历过，没有切身的体会，但又不能不写，于是他们只好这本作文书抄抄，那本作文书抄抄，真的找不到可以抄的时候，就马虎写几句来应付，成了真正"作"出来的作文。但像刚才提到的小孩，他喜欢动手操作，如果家长又支持他做，并为他提供有关书籍，他看得多了，做得多了，真的要他去写，那他写的时候就会得心应手了，写出来的文章也必然较为具体、真实，有血有肉，他会把自己的制作过程，把自己获得成功的喜悦，遇到困难时怎样想办法克服等都具体写出来。所以，家长应当让孩子多参加有益的、自己喜欢的活动，并与学习联系起来。总之，家长应当注意把孩子原有的兴趣与知识学习联系起来，将兴趣引导到学习上来，以培养和激发新的兴趣。

3. 找出孩子不喜欢学习的原因

要准确判断孩子不喜欢学习的原因，并帮助孩子解决。孩子不喜欢学习的原因非常复杂。如果我们加以探讨就会发现，实际上并不是孩子不喜欢读书，而是某种因素导致的，如上学时被老师批评了，读错了字遭同学的讥笑，想看电视却被迫写作业等。这些原因逐渐在内心堆积起来后，孩子就渐渐地对学习失去了兴趣。

我们父母首先要和孩子自由沟通，以温和的态度和孩子探讨为什么不喜欢读书。这里，孩子什么话都可以说，不管他的理由多么可笑，父母也不可责骂或取笑。当孩子把不喜欢读书的理由都说出来后，孩子自己就会发现他不喜欢学习的原因并不是学习本身，而是被老师批评了，被讥笑，想看电视等与读书学习有关的环境。父母了解他的问题所在，就要为他解决。例如，可以和老师谈谈孩子的情况，在孩子喜欢看的电视节目播放时，先让孩子把电视看完再去学习等，这样可以帮助孩子解决学习上的障碍，恢复孩子对学习的兴趣。

4. 倾听并和孩子谈论学习生活

新入学的孩子对学校的一切都感到新奇、有趣，他们回到家会兴致勃勃地向父母讲述学校的学习生活，这时，家长应耐心倾听，并和他们讨论学习生活，这对培养他们的学习兴趣是很重要的。

5. 让书桌变成孩子感兴趣的地方

孩子学习做功课需要有一个良好的环境，一张自己的书桌是必不可少的。把书桌变成孩子感兴趣的地方，就会使孩子对经常在书桌上进行的学习活动感兴趣。书桌要整洁，抽屉里要备有做各门功课所需的工具，这样当他需要时，立刻就能找到，不会因为缺少某件工具而中断作业，心生烦躁。书桌美观舒适，孩子一有时间就会坐到这里开始他的学习活动。有的家长经常向老师反映到孩子在家做作业速度慢，经常做作业做到十一二点，不知如何是好？当老师问及孩子在家怎样做作业的时候，有的讲孩子一边做作业一边看电视，有的讲孩子一边玩一边做作业，有的讲孩子一边做作业一边听大人讲话等。这些原因都是造成孩子做作业速度慢的因素，由于外界干扰大，孩子的精神难以集中。有大人在他身边讲话，就不能够好好地集中精力做作业，速度就会慢。无论什么原因，家长都必须消除可能影响孩子完成作业的干扰原因，给孩子一个比较安静的环境去学习。

6. 每次学习时间不宜过长

当前，家长对孩子的期望值普遍过高，他们希望孩子学习、学习、再学习，只要孩子端坐在书桌前，不管其效率如何，父母就会感到欣慰，因而总是催促孩子"坐好——开始学习"。殊不知，这种做法很危险。无视孩子的心理特点，任意延长学习时间的做法会使孩子把学习和游戏对立起来，厌恶学习，对学习不感兴趣，还会养成磨蹭、注意力不集中的坏习惯。因此，家长切莫目光短浅，舍本逐末，不能忘记培养孩子的学习兴趣是头等大事。

7. 提高孩子的成功感

要鼓励孩子获得成功，提高子女的成功感。成功是使孩子感到满足，并愿意继续学习的一种动力。孩子一旦获得成功，就感到满足，并愿意继续学下去。因此，家长应当多多鼓励、引导孩子，让他们体验到成功的喜悦。每个孩子的智力、接受能力有所不同，家长应当全面了解自己的孩子。根据自己孩子的具体情况，为他们去制定一些容易达到的小目标，这样可以使孩子觉得能够做到，他就有信心，有动力去做，就会获得成功。当他体验到成功的乐趣时就会有兴趣，有信心去实现下一个目标。随着一个个小目标的实现，孩子就不断取得进步。孩子树立目标，确立方向，是要循序渐进的，不能操之过急。家长要耐心引导并提供具体帮助，使孩子体验到克服困难获得成功的乐趣。比如，低年级的孩子学会拼音和常用汉字后，可让他们给外地的亲戚写封短信，并请求远方的亲人抽空给孩子回信，让他们尝到学习的实际效用，这样就能培养孩子的学习兴趣。

8. 增强孩子的求知欲

要试着让孩子创造问题，增强孩子的求知欲。孩子是学习的当事人，被迫学习，被迫考试，学习处于被动状态，时间久了，孩子对学习生厌是可以理解的。家长指导孩子学习时，可以换一种方法，不是经常让孩子去解答问题，而是采取让孩子创造问题的学习方法。这不仅会改变孩子的学习态度，而且会激发讨厌学习的孩子的学习兴趣。

试着让孩子创造问题，孩子会考虑什么地方是要点，父母也可以在指导孩子学习时以此为中心。另外，孩子一般会对自己理解非常充分或自觉得意的地方提出问题，这对父母来说，就很容易掌握孩子在哪些方面比较擅长，在哪些方面还有所欠缺。如果坚持这种学习方法，孩子就会在平常的学习中准确地抓住学习的要求和问题所在。此外，这还有助于提高孩子的表达能力，满足孩子的自尊心，学习自然就会取得良好的效果。

9. 让孩子做老师

可以让孩子做老师，提供运用知识的机会。父母可以与孩子一起学习，让孩子做老师去教父母，试着交换一下教和被教的地位。孩子站在教方的立场，就会提高其学习的欲望，同时，为了使双方明白，自己必须深入地学习并抓住学习内容的要点，这对于其自身的学习有很大的帮助。

10. 开展竞赛

"竞争"是支配人类行动的一大重要动力。比起一个人努力，不如和对手竞争能更大地发挥自身的潜力。有条件的家长，可以让孩子和同班同学一起学习、一起写作业，看谁写得既快又好。孩子也可以暗中找一个比自己成绩略高的同学作为对象，暗下决心，争取逐步赶上和超过他。

11. 把学习计划公之于众

利用心理学戒烟的一种方法是，向家人或朋友公开宣布："我要戒烟了！"这样做，会起到一个强迫约束效果。当你忍不住想抽时，马上就会想到："是否会被别人笑话自己意志薄弱或者太没出息了"，因此就能坚持到底："无论如何，一定要坚持实行自己的计划。"制订计划也是同样的道理．不要只自己暗下决心，而是应当向家人或朋友公开宣布："我要如何如何用功了。"这样，才会产生积极的效果。

12. 利用"报酬效应"激发学习兴趣

在做功课时，有想睡觉、看电视、吃零食等的诱惑时，就可反用此法。自己设定在达到某个目标或阶段后，以奖赏的形式来满足自己的欲望。也就是说，只有达到规定的程度之后才可做自己期盼的事情。如此一来，你可能为了及早得到奖赏而专心致志地学习，并尽可能缩短学习时间以求得满足，像这样快乐的记忆比被迫强记更牢靠、更持久。

13. 和孩子讨论未来规划

和孩子讨论他的将来，可激发他读书的意愿。每个孩子，都会有对自己未来的憧憬。做父母的，不妨让孩子充分发表他们对未来的希望，不管是多么不切实际的想法。父母和孩子一起讨论为了实现自己的理想需要具备哪些知识，让孩子了解，为了自己的未来，目前辛苦读书是必要的，从而激发孩子学习的积极性。

14. 了解孩子的学习能力

切记千万不能依照自己的理想模式去强加给孩子，而且每个孩子都有自己的特点，目标的制定还要因人而异，即使制定训练目标后也应不断调整，使之始终处于理想的模式。

15. 培养子女善用余暇时间的习惯

在余暇时间中，孩子觉得没有压力，情绪可以得到舒缓，家长更容易通过观察评估孩子的真正学习能力。家长可以让孩子自己安排时间，做一些有益的事，不知不觉地形成对学习的兴趣。

16. 家长必须加强自己的求知欲

孩子善于模仿与其亲近的人，通常这个对象是父母，因此家长不仅要重视言教，身教的配合也是相当重要的。求知欲强的家长带给孩子的影响是不可估量的。

17. 将家长的教育与孩子的学习兴趣有机结合

家长的教育方式、方法与孩子学习兴趣的关系紧密，把二者紧密结合可以有效提高孩子的学习兴趣。家长要注意自己的行为和态度。经常在家中被打骂、拿他和本班的优秀学生比，经常在孩子面前流露出对他的不满等，这样的做法只会伤害孩子的自尊心，使孩子自暴自弃，对学习失去信心，没有兴趣，造成一种恶性循环。所以，家长要注意自己的言行，一定要以一种积极的态度去看待自己的孩子，相信自己的孩子是可以改变的。当孩子比以前哪怕有一点点的进步时，家长都要给予适当的鼓励和表扬，让孩子意识到他是在慢慢改变。家长要学会把孩子的现在和以前比，而不要和其他同学比，因为每个孩子都是不同的。家长还要在行为上做到对孩子的优秀行为及时强化，不良的行为适当惩罚。当孩子没有完成作业时，千万不要给其预定的奖励。当孩子在家里有了改变的时候，家长可以和老师联系或沟通，让老师在学校或班里给予鼓励和表扬，及时强化他们的正确行为。

18. 让孩子有危机感

要让孩子有危机感，要有压力。对于每个孩子和家长来说，要想塑造自觉的人生，这都是一个不可回避而且必须想得清清楚楚的问题。学习动力的形成，最好不是灌输，要形成自觉，要引导孩子，让孩子自己分析得来。要让孩子对自己成长生活的小环境和大环境有正确清晰的认知，有危机感。关于大环境，而今大家的一句口头禅就是"现在是竞争社会"。要让孩子明白，这个激烈竞争的大环境，是应当热烈响应，并积极参与其中的——要让孩子真心向往竞争。在这里需要提醒的是，要让孩子有危机感，要有压力。要让他们对理想的生活的向往不停留在白日梦的阶段，这就要让他们知道不光明的前途有多么糟糕，要让他们知道自己正走在这光明与不光明的边缘。但是这危机感又要适度，不能不让孩子有一定的安全感，有护佑，这护佑当然不是权势和金钱，不是父母的代替，而是父母与他一起的努力、一起的奔跑前进，是交流和鼓舞带来的信心。

解决了学习动力的问题，接下来就要帮助孩子，建立一个良好的富有成效的学习习惯，也就是培育起一个日常积极、自觉的学习状态。需要特别关注的是，要建立健康的家庭娱乐方式。要带孩子玩好，玩得身心舒展、怡情悦性。好的娱乐真的能构成生活的亮点，成为工作和学习的动力，也

超级父母

是人生美满的指标。搞一次户外活动，爬山、游泳、打乒乓球……并且全家参与，展开家庭竞赛。让孩子有更多的机会接触自然、增强体质，是非常积极的娱乐。

【父母讲给孩子听的故事】

土拨鼠哪儿去了

在教育教学过程中，经常会遇到这样的情况，学生因为痴迷于电脑、电视、小说等往往放松了学业，忘记了最初的追求目标。针对这种情况，教师不妨给他们讲这样一个故事。

有三只猎狗追一只土拨鼠，土拨鼠钻进了一个树洞。这个树洞只有一个出口，可不一会儿，从树洞里钻出了一只白色的兔子，兔子飞快地向前奔跑，三只猎狗围追堵截，兔子急了，"噌"地一下爬上了另一棵大树。兔子在树上，仓皇中没有站稳，一下子就掉了下来，砸晕了正仰头看的三只猎狗，兔子乘机逃跑了。

故事讲完后，教师要问学生："这个故事有问题吗？"

学生可能说：

"兔子不会爬树。"

"一只兔子不可能同时砸晕三只猎狗。"

……直到学生找不出问题了，教师才说："可是，还有一个问题，你们都没有提到，土拨鼠哪儿去了？"

趁学生思考之际，教师由此引发话题教育学生："土拨鼠，猎狗追求的目标，可是由于兔子的出现，猎狗改变了目标，我们的思维也在不知不觉中拐了弯，土拨鼠竟在我们的头脑中消失了。"

"在追求人生的目标中,我们有时会被风光迷住,有时会被细枝末节打断,有时会被一些琐事分散精力,在中途停顿下来,迷失了方向,或走上了歧路,从而忘记了最初追求的目标。

"同学们,人生的路很长很长,既有奇花异草的诱惑,又有层峦叠嶂的阻挡,你一定要常常提醒自己——土拨鼠哪儿去了,不要忘记你最初追求的人生目标。"

第3章

读懂孩子 巧用表扬

综合来讲，世界上比较有影响力的教育方法有以下六种，下面分别简要介绍一下。

1. 卡尔威特：天才教育法

卡尔威特是德国哈雷近郊洛赫村的教师，对教育富有独到的见解。他认为孩子的教育必须和孩子的智力曙光同时开始，并用自己的理论实践于自己的儿子卡尔威特身上，使之成为传奇般的天才，并于1818年写成《卡尔威特的教育》一书，该书是世界上论述早期教育的最早文献，他的教育理念被后人誉为"早期教育的楷模"。

2. M.S.斯特娜的自然教育法

M.S.斯特娜是美国宾夕法尼亚州匹兹堡大学语法教授，毕业于拉德克利夫女子大学，在推崇卡尔威特教育法的同时，提倡根据孩子自身的习性，用自然的方法教育孩子，取得了非凡的成就。于1914年写成《MS斯特娜的自然教育法》一书，在书中，她结合自己教育女儿的亲身经历，阐述了自己的教育方法。

3. 蒙台梭利的特殊教育法

蒙台梭利于1870年8月出生在意大利安科地区的基亚拉瓦莱，自小受过良好的家庭教育。1907年开始在各地建立蒙台梭利儿童之家，致力于为孩子提供发展机会环境的教育方法，她不仅是伟大的教育家，还是著名的科学家，为了儿童和人类精神的复兴奉献了一生，著有《蒙台梭利教育法》《蒙台梭利手册》《教育人类法》《高级蒙台梭利方法》《童年的秘密》《儿童的发现》等书。

4. 铃木镇一的才能教育法

铃木镇一出生于1898年的日本古屋，其父经营着世界上最大的小提琴工厂。22岁赴德国学习音乐，回国后对如何通过小提琴去开发和提高孩子的能力充满了坚定的信心。他抱着对每个孩子的能力成长，都有一种培养方法的信念，立志于对孩子的天才教育，培养出大批的天才儿童，为了进一步发扬才能教育法，著有《早期教育和能力培养》一书。

5. 多湖辉的实践教育法

多湖辉是日本第二次世界大战以后杰出的教育家，对儿童心理和脑力开发研究造诣颇深。与许多以理论见长的学者不一样，多湖辉的教育思想更具实践性。直指儿童教育的具体实际问题，认为增强孩子能力的最好办法，就是使父母成为教育的实践者，著有《母爱促进身心健康》《管理孩子的技巧》《使孩子聪明的心理战术》《学习指导法》等书。

6. 周弘的赏识教育

周弘是江苏省南京市人，中国青少年研究中心赏识教育研究室主任，南京婷婷聋童学校校长。用赏识教育法教育自己全聋的女儿，使之成为中国第一位聋人大学生，他用赏识教育法培养了一批早慧儿童，也改变了成千上万健全孩子的命运,其著有《赏识你的孩子》一书,一出版即风靡全国。

近年来赏识教育在中国推行,影响了很多家长和老师。但是也有部分人对赏识教育存在着误区,赏识教育不是表扬加鼓励,更不是一味地夸奖"你真棒!""你真行!"而是赏识孩子的行为结果,以强化孩子的行为;是赏识孩子的行为过程,以激发孩子的兴趣和动力;创造环境,以指明孩子的发展方向;适当提醒,增强孩子的心理体验,纠正孩子的不良行为。

赏识教育,源于父母教孩子"学说话、学走路"成功率百分之百的教育现象,是这个教育过程中的"承认差异、允许失败、无限热爱"等奥秘的总结,它与人民教育家陶行知教育思想是一脉相通的。

没有种不好的庄稼,只有不会种庄稼的农民;没有教不好的孩子,只有不会教的父母!农民怎样对待庄稼,决定了庄稼的命运;家长怎样对待孩子,决定了孩子的一生!农民希望庄稼快快成长的心情和家长希望孩子早日成才的心情完全一样,但做法却截然不同:庄稼长势不好时,农民从未埋怨庄稼,相反总是从自己身上找原因。而我们孩子学习成绩不好时,家长却更多的是抱怨和指责,很少反思自己的过错!

人性中本质的需求就有渴望得到赏识、尊重、理解和爱。就精神生命而言,每个孩子都是为得到赏识而来到人世间,赏识教育的特点是注重孩子的优点和长处,发现并表扬,逐步形成燎原之势,让孩子在"我是好孩子"的心态中觉醒;相反的批评教育的特点是注重孩子的弱点和短处——小题大做、无限夸张,使孩子自暴自弃,在"我是坏孩子"的意念中沉沦。不只是好孩子应当赏识,所有的孩子都需要赏识。孩子是脆弱的、敏感的,而适当的赏识是一种正确的爱,也是对孩子的一种鼓励和赞赏!

赏识教育,是让家长和孩子觉醒,让孩子的生命状态得以舒展!每一个孩子觉醒的力量是排山倒海、势不可当的！赏识教育是承认差异、允许失败！它归纳出信任、尊重、激励、理解、宽容、提醒的操作原则和简单易学的三字经操作方法，从而对教育规律把握达到了理论化、系统化、操作性、特色性的高度。从诞生来源方面看，是生命的体验；从教育角度来看，是思想的继承；从教育者的角度来看，是心态的回归；从受教育者的角度来看，是心灵的解放；从思维方式来看，是观念的更新；从表达方式来看，是语言的突破。

"生命如水，赏识人生，学会赏识，爱满天下。"而赏识教育的实施途径是"发现优点""欣赏优点"。通过这一途径，可以培养孩子的自信心以及学习的积极性、主动性和创造性，从而达到教育的目的。

在实际生活中，我们发现有的孩子并不适合表扬，或者越表扬越骄傲。这是为什么呢？如何更有效地利用赏识教育呢？

迪创人学推崇"读心教育"，认为每个孩子从生命孕育的那一刻起，都被赋予了其先天的基因版型，《读心学》上称之为——豆型、扣型、袖型，而且他们认为每种类型的孩子都有其先天的特点和潜能方向，也就具有不同的培育规律，只有顺应培育规律才是孩子能够成才的前提条件。每个孩子都自有其先天优势，有其成为人才的潜质，但需要按照孩子的潜能方向来发展和"使用"，否则不但事倍功半，甚至会彻底毁坏和消磨孩子的潜能。

因此，迪创亲子教育认为，最要不得的误会就是你父母对着"袖型"的孩子一个劲地赏识赏识，袖型的孩子需要的是挑战教育和超常规教育，必要的时候甚至可以棍棒一把！

为什么这么说呢？我们来了解一下这三种基因版型的孩子的主要特点和迪创推出的施教方式！

（1）豆型孩子

这类孩子待人热情、脾气随和、行为乖巧、组织能力强，学习浮躁、顶嘴、爱挑剔，要多讲道理、少摆理、不干预。

豆型孩子机警、变通，所以潜能方向是组织型人才。豆型孩子在小的时候父母要为其营造安定温馨的家庭氛围，重视对其自立自理能力的培养，入学后要注重逻辑思维的训练和兼容包容心的训练。

基于豆型孩子的特点——要以榜样教育为主。什么是榜样教育，就是身教！言传对豆型孩子是不起什么作用的，所以父母要用身教！还有"犟"是豆型孩子的正常表现，父母不用怕豆型孩子犟，这类孩子不犟才不正常呢！

（2）扣型孩子

这类孩子听话、守纪律、学习较好、思维活跃，胆小、不爱说话、自私、软对抗，要多赏识、练其胆量。

扣型孩子持重恒定，潜能方向是管理型人才。

需要提醒的是，扣型孩子心事重，自信心不足，学龄前在家还能与大人大胆交流，但是到外面就不可以了，所以家人要多与孩子交流，多进行鼓励赏识。

针对5—6岁的孩子，多进行动手能力训练和肢体协调训练，小学阶段多鼓励孩子进行人际交往。高中阶段避免其自闭，扣型孩子最需要赏识教育，切忌恐吓和不当的突破极限！

（3）袖型孩子

这类孩子的优点是自信心强、活泼好动、有领导能力；缺点是暴躁、反复无常、爱惹事、说假话。袖型孩子奋勇威猛，潜能方向是开拓型人才。

袖型孩子小的时候最是"人来疯"，但家长不要打压。这一类型的孩子在小的时候家长宜多抱，多跟孩子有肢体接触。不然他上学后会表现为很调皮"欠揍"！学校教育鼓励袖型孩子当"小领导"！否则，这些孩子会不快乐，进而失去学习的兴趣。袖型孩子适合挑战教育，不适合捧和夸！

下面给大家分享几条正确表扬孩子的方法技巧。

1. 减少"很好""真棒"这类的表扬

这样简单的表扬，很多时候都是我们成人不自觉地敷衍孩子的方式，充其量是一种判断式的表扬而已。而这种判断式的表扬，会忽略孩子的具体能力，过于频繁的话，还会让孩子沉溺于这样一种感觉：我做什么事都很棒，我太完美了。久而久之，孩子总是依靠大人来告诉他对错好坏，并习惯于取悦家长，迎合家长的期望。他衡量自己的价值会变成"能不能让别人高兴"。

也就是说，判断式的表扬会让孩子过分在意外在认可，但内心做事情的热情并没有得到激发，不懂得自我激励。孩子有必要学习成为自己的判断者，做自己的"啦啦队长"、自己的主导者。

2. 更具体的表扬

仔细考虑一下你想让表扬传递出什么信息？通常表扬是为了鼓励更多的正确合理的行为，所以表扬也要具体问题具体分析："你一直都在帮妈妈搬东西，很辛苦哦！""你自己穿上了鞋！""这幅画你很认真地画了一个上午！"而不是全部笼统地说："你干得好！""你真棒！"

3. 强调努力的表扬

最有效的表扬会注重事情的过程和为之付出的努力，而不仅仅是结果，对结果进行表扬没有太大的价值。有效的表扬将鼓励孩子向前进，他能够

学会自我激励，而不是为了你的肯定去做什么事，这样的表扬是对孩子真正的鼓舞，如"哇！你把房子修得好高！你可以把这么多石块儿垒得这么整齐！"

4. 以"你"开始的表扬

这样说可以帮助孩子审视自己，为自己的成绩感到骄傲。对孩子来说，成就感和自豪感能促使孩子不断努力，以获得成功。

5. 强调效果的表扬

如果孩子帮助了别人，表扬的重点可以放在那些事情产生的效果上，比如"你把卡车给果果玩，你看，他看上去开心极了！"

6. 有预期的表扬

"我一叫你，你就来我这边，这能帮我节省很多时间。"这样一说，孩子就不好意思听到你叫而没有反应了。

7. 不添加主观判断的表扬

"你画的鸟像是要从纸上飞出来了"比"我喜欢你画的鸟"更好，孩子需要通过表扬，对自己做的事情感觉良好，而不是对妈妈的称赞感觉良好。

8. 问句式的表扬

有时候，你体贴的问话比任何表扬都能透露出你对孩子喜欢以及对他做的事情的尊重，这种问话体现出来的关心，对孩子来说就是最大的奖赏：

超级父母

"这座城堡的哪个部分是最难修建的？"或者："你的画里面，你最喜欢的颜色是什么？"

【父母讲给孩子听的故事】

鹅卵石与钻石

"为什么我们非要学习这些没用的东西呢？"

这是老师听到的学生们抱怨与质疑中经常出现的一句话。遇到这种情况，我们不妨给学生讲这样一个寓言。

一天晚上，一群游牧部落的牧民正准备安营扎寨休息的时候，忽然被一束耀眼的光芒所笼罩。他们知道神就要出现了，因此，他们满怀殷切地期盼，恭候着来自上苍的旨意。

神出现了，神开始说话了："你们沿途要多捡拾一些鹅卵石，把他们放在你们的马褡子里。明天晚上，你们会非常快乐，但也会非常后悔。"

说完，神就消失了。牧民们感到非常失望，因为他们原本期盼神给他们带来无尽的财富和健康长寿，但没想到神却吩咐他们去做这件毫无意义的事。但是，不管怎样，那毕竟是神的旨意，他们虽然有些不满，但是，他们还是各自捡拾了一些鹅卵石，放在他们的马褡子里。

就这样，他们又走了一天，当夜幕降临，他们开始安营扎寨时，忽然发现他们昨天放进马褡子里的每一颗鹅卵石，竟然都变成了钻石。他们高兴极了，同时也后悔极了，后悔没有捡拾更多的鹅卵石。

现在我们觉得没有什么价值的知识，就像鹅卵石，将来有可能会变为无尽的财富。

第4章

书作台阶 直入云霄

第四章 书作台阶 直入云霄

笔者曾经教过一个名叫魏宏的孩子，这个孩子比较贪玩，学习成绩在中下等，字体又比较潦草，几乎属于那种让老师伤脑筋的学生。一次偶然的机会，他进入了学校的文学社团，从此，逐渐爱上了阅读，家长也比较支持，三天两头就带孩子到书店买书。小学阶段魏宏就阅读了大量书籍。随着阅读量的增加，他的性格越来越沉稳，看待一些事情很有自己的主见，学习成绩也不断攀升，最主要的是随着读书越来越多，个人审美观也在潜移默化地发生变化，他意识到自己写的字不好看，主动临摹字帖，刻意关注汉字的间架结构，字体也越发漂亮了。魏宏的变化深深地触动了我，所以在家长会上，我所说得最多的一句话就是："如果您对孩子的教育感到束手无策了，那么您就引导他读书吧！阅读是解救孩子的最好办法；如果您的孩子优秀到老师也教不了了，那么，您就让他读书吧！阅读可以带领孩子到更广阔的世界。"

其实，有很多伟大的人之所以优秀，都和他们青少年时代酷爱阅读存在密切关系。

鲁迅先生从小认真学习。少年时，在江南水师学堂读书，第一学期成绩优异，学校奖励了他一枚金质奖章，他立即把奖章拿到南京鼓楼街头卖掉，然后买了几本书，又买了一串红辣椒。每当晚上寒冷时、夜读难耐时，他便摘下一颗辣椒，放在嘴里嚼着，直辣得额头冒汗。他就用这种办法驱寒坚持读书。由于苦读书，后来终于成为我国著名的文学家。

数学家张广厚有一次看到了一篇关于亏值的论文，觉得对自己的研究工作很有价值，就一遍又一遍地反复阅读。这篇论文共20多页，他反反复复地念了半年多。因为经常反复翻摸，洁白的书页上，留下一条明显的黑印。他的妻子对他开玩笑说，这哪叫念书啊，简直就是吃书！

一、读书的重要性

读书的意义在于什么呢？儿童文学家曹文轩讲述过这样一段话，而这些话让我回忆过数十次，摘录下来一与大家一起分享。

1. 阅读是一种人生方式

阅读是对一种生活方式、人生方式的认同。阅读与不阅读，区别出两种截然不同的生活方式或人生方式。这中间是一道屏障、一道鸿沟，两边是完全不一样的气象。一面草长莺飞，繁花似锦，一面必定是一望无际的、令人窒息的荒凉和寂寥。

一种人认为：人既然作为人，存在着就必须阅读。肉体的滋长、强壮与满足，只需五谷与酒肉，但五谷与酒肉所饲养的只是一具没有灵魂的躯体。这种可以行走，可以叫嚣，可以斗殴与行凶的躯体，即使勉强算作人，也只是原初意义上的人。关于人的意义，早已不是生物学意义上的——生物学意义上的人便是：两腿直立行走的动物。现代，人的定义却是：一种追求精神并从精神上获得愉悦的动物——世界上唯一的那种动物，叫人。

这种动物是需要通过修炼的。而修炼的重要方式或者说是重要渠道，便是对图书的阅读。

另一种人认为——其实，他们并没有所谓的"认为"，他们不阅读，甚至并不是因为他们对阅读持有否定的态度，他们不阅读，只是因为他们浑浑噩噩，连天下有无阅读这一行为都未放在心上思索。即使书籍堆成山耸立在他们面前，他们也不可能思考一下：它们是什么？它们与我们的人生与生活有何关系？吸引这些人的只是物质与金钱，再有便是各种各样的娱乐。至于那些明明知道阅读的意义却又禁不住被此类享乐诱惑而不去亲近图书的人，我们更要诅咒。因为这是一种主动放弃的堕落。几乎可以说：这是一种明知故犯的犯罪。

2. 读书可帮助我们壮大经验并创造经验

天下事，多到不计其数，人不可件件亲自实践。人这一辈子，无论怎样辛劳、勤勉，实际上只能在极小的范围内经验生活，经验人生。个人之经验，九牛一毛、沧海一粟。由于如此，人认知世界，十有八九是盲人摸象，很难有对世界的完整把握。由于如此，人匆匆一生，对生活、对人生的理解也就一片苍白，乃至空洞；人对活着的享受，也就微乎其微，生命看似蓬勃，但实际上只是虚晃一世。鉴于如此之悲剧，人发明了文字，进而用文字写书。书呈现了不同时期的不同经验。一个识字人，只需坐在家中，或案前，或榻上，或瓜棚豆架之下，

便可走出可怜的生活圈栏,而进入一个无边疆域。明明就是身居斗室,却从别人的文字里看到了沙漠驼影、雪山马迹、深宫秘事、坊间情趣……读书渐久,经验渐丰,你会一日又一日地发现,读书使你的心灵宛如秋天雨中的池塘,逐渐丰盈。

3. 读书养性

人之初,性浮躁。落草而长,渐入世俗,于滚滚不息、尘土飞扬的人流中,人很难驻足,稍作停顿,更难脱浊流而出,独居一隅,凝思冥想。只有书可助你一臂之力,挽你出这糟局。读书具有仪式的作用。仪式的力量有时甚至超过仪式的内容。今日,人焦灼不安,从心底深处渴求宁静和绿荫。此时,人的出路也大概只在读书了。那年,我在东京教书时,我的研究生们来信,说了他们工作之后的心态,觉得自己现在变得很难沉静下来,对未来颇感惶恐。我写信给他们说:任何时候,任何地方,只要不将书丢掉,一切就都不会丢掉。

读书人与不读书人就是不一样,这从气质上便可看出。读书人的气质是由连绵不断的阅读潜移默化养就的。有些人,就造物主创造了他们这些毛坯而言,是毫无魅力的,甚至可以说是很不完美的。然而,读书生涯居然使他们由内到外获得了新生。依然还是从前的身材与面孔,却有了一种比身材、面孔贵重得多的叫"气质"的东西。我认识的一些先生,当他们安坐在藤椅里向你平易近人地叙事或论理,当他们站在讲台上不卑不亢不骄不躁地讲述他们的发现,当他们在餐桌上很随意地诙谐了一下,你会觉得这些先生真是很有神采。此时,你就会真正领略"书卷气"的迷人之处。

4. 读书能帮助我们发现前方,并引领我们走向前方

读书其实培养的是一种眼力。不读书的人其实是没有前方的,也是没

有未来的，也是没有过去的。拿我自己讲，我写了那么多的书，那里头的那么多故事，其实都是写的我的来路——几十年的来路上发生的故事。我有时候在想：和我一起成长起来的人，他们为什么写不出小说来呢？我回老家，经常与他们聚会，我发现，我说到的童年往事，他们往往都没有印象，有印象的，又不能像我这样去深入地理解。他们的回忆与我的回忆，有着本质上的差异。我发现过去那么多的故事，我看到在我的路上，那些故事犹如夏天夜空的繁星在闪烁。那么这个力量是哪里来的？我唯一要感谢的就是书，是书本给了我发现从前的力量。

读书人读着读着就有了过去、现在和前方——风景无边的前方。什么叫读书人？我这里简单下一个定义：拥有过去、现在和未来的人，叫读书人。

5. 天堂是一座图书馆

博尔赫斯问道：什么是天堂？

博尔赫斯答道：天堂是一座图书馆。

图书馆的出现，使人类从凡尘步入天堂成为可能。由成千上万的书——那些充满智慧和让人灵魂飞扬的书所组成的图书馆，是一个神秘的地方。任何一本书，只要被打开，我们便立即进入了一个与凡尘不一样的世界。那个世界所展示的，是我们梦中的天堂出现的情景。那里光芒万丈，流水潺潺，没有战争的硝烟，没有贫穷和争斗，空气里充满芬芳，果树遍地，四季挂果，累累果实压弯了枝头……

书做成台阶，直入云霄。

图书才使我们完成了宗教性的理想。

何不将阅读作为一种信仰？阅读就是一种信仰。

(摘自《北大中文系第一课》)

二、儿童的早期阅读

人们常会感到不惑：孩子很小不识字，怎能阅读呢？其实幼儿阅读与学龄阶段的阅读大有区别。那么，什么是早期阅读呢？对于年幼的儿童来说，只要是与阅读活动有关的任何行为，都可以算作阅读。如用拇指和食指一页一页地翻书；会看画面，能从中发现事物的变化，将之串联起来理解故事情节，读懂图书；会用口语讲述画面内容，或听老师念图书文字等。对于幼儿早期阅读的教育，应当是终生养成性的教育，阅读是将要伴随孩子一生成长的活动，早期阅读并不在于单纯发展孩子的阅读能力，还要让孩子通过各种途径，接受各种信息，形成：看、听、读、写一整套的养成性教育，为幼儿今后的学习奠定良好的基础。

综合而言，早期阅读的重要性主要包括：能够激发孩子的学习动机和阅读兴趣；提高孩子语言能力的重要途径；是孩子智慧发展的钥匙；发展今后学习所需要的阅读预备技巧；有利于儿童的健康发展。

1. 儿童早期阅读为什么要尽早开展

0—6岁的婴幼儿时期，是人生命的起跑线，是人的智慧潜能开发的关键期。

美国教育心理学家布卢姆在《人类特性的稳定与变化》中，通过对千名儿童的追踪分析，提出了著名的假设：若以17岁时人的智力发展水平为100，则4岁时就已具备50%，8岁时达到80%，剩下的20%，是从8—17岁的9年中获得的。

心理学家和教育学家的研究表明，儿童早期阅读、计算能力对日后的智力发展影响最大。这两项构成了一些儿童的主要学习障碍，早慧的孩子有一个共同的特点，那就是喜欢阅读。

美国教育机构于1998年的一项研究发现，儿童的学习能力在入学之前就已得到不同程度的开发。因此，儿童的早期教育至关重要。早期阅读则是早期教育的重要内容。专家认为，0—3岁是培养儿童对于阅读兴趣和学习习惯的关键阶段，3—6岁则更侧重于提高儿童的阅读和学习能力。

美国心理学家推孟经过多年关于天才发生学的研究成果表明：有44%左右的天才男童和46%的天才女童，在5岁之前就开始阅读了。

2. 早期阅读是发达国家早期教育的焦点

在欧美发达国家，孩子们的早期阅读得到了早期教育专家的高度重视。从国际上看，美国从20世纪50年代就开始系统的早期阅读研究，一些发达国家在20世纪80年代把儿童智能教育的重点放在提高阅读能力方面。

但是，在今天由电视、电子游戏和网络所构筑的科技世界中，孩子与书本的距离却越来越远了。因此，近年来，世界各国所推动的教育改革，几乎都把推广阅读风气、提升阅读能力列为重点，甚至识字率或阅读能力在全球名列前茅的英国、日本、芬兰等国，都纷纷发起"全国阅读年"的活动，希望举倾国之力提供良好的阅读环境。

三、怎样激发孩子读书的兴趣

笔者做教师16年，发现有些家长把培养孩子阅读习惯寄希望于学校，可事实上孩子要6岁以上才能上学，除去寒暑假，每天只有八九个小时在学校，学校也无能为力。跟有孩子的朋友沟通，他们也普遍认为培养阅读习惯应当是学校老师做的。对于有了孩子的家长，我建议从小就让孩子爱上阅读，阅读有助于提高孩子的自控力，让孩子的注意力更容易集中。不仅是为了让孩子以后学习成绩优秀，其实这也是家长自己成长、养成好习惯的机会，有本书《遇见孩子，遇见更好的自己》讲的就是与孩子一起成长，在培养孩子阅读习惯的同时，我们也可以提高自己的阅读水平。

1. 孩子出生就应当有的玩具——布书

那些给孩子买各种高档、昂贵玩具的家长会说自己玩的玩具有多好，但我的朋友有小孩，一般我都送布书当伴手礼。布书作为一种玩具，具备了"禁拉又禁拽，禁咬又禁造"的特性。又兼具了认字、识数、认颜色的多种功能，无论是宝宝用嘴探索世界的阶段，还是用手探索世界的阶段都是理想的玩具。孩子能坐以后，像模像样翻书，好奇地摸摸这页翻翻那页的样子超级可爱。

2. 睡前给孩子读故事

让孩子养成睡前听故事的习惯，一方面是为了增进亲子感情，另一方面是家长偷懒的诀窍，有个附赠的好处就是孩子认字以后就能够自己读书。有的亲子书建议抱着哄睡，但是孩子几岁以后，尤其是胖孩子，哄睡真的就变成力气活儿了！给孩子读书的过程，孩子长知识，我们自己也长知识，甚至是一个强迫学习的过程。我之前送了朋友一本故事集让他读给孩子听，孩子边听边问了好几个为什么，读了半个故事，孩子就睡着了，朋友自己为了给孩子找答案，到天亮把书全看完了。

3. 在孩子面前读书

家长从来不看书，想让孩子读书，可能性真的不大。《权力与领导》关于行为科学的部分讲遗传分为两种：基因遗传和模因遗传，基因遗传这是不能人为做到的，但模因遗传是亲近人的行为决定的。设置家庭阅读时间，在孩子面前看书就是一个良好的模式。我妈妈有读报纸的习惯，小时候每天晚饭后，我和妹妹写作业，妈妈读报纸，小侄子看着我们自己也会找来自己的唐诗书、儿歌书看着玩。

4. 跟孩子讨论书

跟孩子聊天其实很重要，尤其是内容非常重要，《沟通的艺术》中有一个事例让我印象特别深刻，就是那个跟小女孩聊什么的例子。你跟她聊漂亮、衣服、化妆，她潜意识里就会觉得外表很重要。跟她聊最近读什么书，告诉她你看了什么书，去了什么地方，她的眼界就开阔了。很多人说穷养儿富养女，其实无论男女，见多识广都对发展很有益处。

5. 带孩子去图书馆、书店

让孩子在一个阅读的氛围里，让他知道阅读是一件快乐的事，很多人都愿意的事有助于增强他对阅读的信心，尤其如果能碰到同龄人，他会得到更多的认同感。

6. 在书架中留出孩子自己书的位置

除了精神上的引导，在实物上也要支持孩子阅读。在家里的书架中留出孩子自己书的位置是促进阅读的好办法。小侄女已经上初中了，在她上幼儿园的时候，她奶奶在家里的书架最下方留出一个角，贴上她的名字。每次家里来了小客人，她都会拉着客人到书架前看自己的书，并且告诉客人这些书里都是一些什么内容。如今她已经在自己的房间有了一个跟客厅书架一样大的属于自己的摆满她看过书的书架了。《整理的艺术》里认为视觉效果刺激成就感，更能激发行动力。

孩子出生的时候，没有自带说明书，每个孩子都是独一无二的，我们只能通过摸索教育孩子。有个孩子特别讨厌去幼儿园，每次去都哭得撕心裂肺，朋友一直说是幼儿园不好，后来我跟孩子聊天，原来孩子习惯睡觉的时候把屁股放在爸爸的脸上，幼儿园老师肯定不会让孩子把屁股放自己脸上，所以每天孩子午睡就变得很痛苦，午睡不好下午玩的就很痛苦，所以不想上幼儿园。我一直认为让孩子养成良好的习惯，很多习惯如果能提前养成，会让孩子在学校更轻松，更喜欢学校。

四、亲子阅读的重要性

现今父母都非常忙碌，与子女在家庭中接触的时间减少，但是无论时间再怎么紧缩，陪伴孩子阅读的时间，绝对要空出来，因为亲子共读的魅力是非常大的，并且有很多益处。

1. 增进感情

孩子自从懂事以来，最先接触的人，就是父母，双方经由书籍的阅读，必能分享彼此的感动，在无形中增进亲子感情。

2. 增强语言能力

喜爱阅读的孩子的语言表达能力特强，在听、说、读、写方面，远较不爱阅读的孩子高，孩子从书中领悟复杂的意念，欣赏语言的美妙。

3. 学习协调沟通能力

从小培养与同伴或亲人间的协调沟通能力，对于孩子而言，是一项极为重要的事情，除了在日常生活中的点滴学习外，通过书本的阅览，从其中获得启示，也是一种不错的方式。

4. 增加知识

阅读可以使孩子涉猎多方面的知识，例如：文学、历史、地理、科学、政治等，增广见闻，对学习大有裨益。

5. 提升写作能力

喜欢阅读的中小学生掌握了语言文字的能力，往往超越同级同学，不必背诵、强记课文就能取得优异的成绩，在校外考试也能取得佳绩，因为阅读提升了写作的能力。

6. 经验传承交流

亲子间共读以彼此的生活经验做分享、交流及共同讨论，从中获得想法与心得，同时相互解决问题与困惑。

7. 独立思考

阅读可培养批判性的思考能力，书中复杂的论证及情节，孩子都能边读边吸收，边分析边理解，可以培养孩子独立思考的能力。

8. 休闲娱乐

经由阅读培育出亲子间的正常的休闲娱乐能力，因而就可以避免花费过多的时间与精力在不当的活动上，达到健全身心的目的。

五、怎样做好亲子阅读？

阅读能给孩子带来愉悦感，对孩子的语言发展，对文字的理解能力、运用语言的能力的培养都是非常有益的。另外，优质的读物，能丰富孩子的心灵，拓展孩子的视野。希望通过我们的努力能让孩子有一个良好的阅读习惯，从而塑造良好的人格。

亲子阅读的方法如下。

1. 贵在坚持

在亲子阅读中，让我感触最深的是贵在坚持。在我儿子很小的时候，我就给他买各种图书，心情好的时候能陪着他阅读,但总是不能持之以恒！

后来，我有意识地每天在固定时间进行亲子阅读，现在儿子特别爱阅读，到了阅读时间就会主动提醒我。多一些时间给孩子，少一些时间给电脑和电视，少一些时间做家务。我们家长每日要为工作奔波劳累，所以不会有太多时间给予我们的孩子！其实孩子们也不会剥夺我们太多的时间，每天只要陪着他阅读15—30分钟就已经足够了！

2. 顺应孩子的心理特点

选好孩子"爱看"的第一批书，使孩子对书产生好感。孩子爱不爱看书，与父母的培养技巧有很大关系。在孩子学习阅读的初期，父母一定要对提供给孩子的书刊进行精心挑选，尽量给孩子提供一些印刷美观漂亮、内容丰富有趣、情节发展符合儿童想象和思维特点的图画书，如动物画册。

3. 不宜对孩子的阅读过程管得太死

好奇、好动、缺乏耐心和持久力，是孩子普遍的心理特点。他们喜欢的阅读方式是一会儿翻翻这本，一会儿翻翻那本。对此，家长不必过多去管他。通常，在这一阶段，只要是孩子愿意把一本书拿在手上津津有味地翻看，家长就应当感到心满意足了。因为，这类表现完全符合孩子的早期阅读心理，是孩子在阅读求知的道路上迈开重要一步的标志。适时地对孩子的阅读提出要求，保护好孩子的阅读兴趣，尽可能为孩子提供轻松自由的阅读环境。

4. 把选择的权利交给孩子，尽可能为孩子提供轻松自由的阅读环境

阅读是一种求知行为，也是一种享受。因此，家长除了需要对真正有害于孩子的书刊进行控制外，不应对孩子所读书刊的内容、类型和范围进行人为的约束和控制。通常，孩子所读书刊的内容范围越广越好。一般说

来，从上小学开始，大部分孩子在阅读内容的选择方面已逐渐形成自己的爱好和兴趣。对此，家长应注意观察、了解和引导，不宜过多干涉。美国图书馆学教师苏珊罗森韦格有一句名言："如果您想要孩子完全按照你的计划阅读，那注定不会长久。"

5. 亲子共读，为孩子树立良好的阅读榜样

在家里，父母应尽可能多地和孩子在一起看书，做孩子的阅读榜样。言教不如身教，要让孩子养成良好的阅读兴趣和习惯，家长必须以身作则。同时，还可经常与孩子在一起交流读书的方法和心得，鼓励孩子把书中的故事情节或具体内容复述出来，把自己的看法和观点讲出来，然后大家一起分析、讨论。如果经常这样做，孩子的阅读兴趣就可能变得更加浓厚，同时孩子的阅读水平也将逐步提高。

6. 要给孩子提供更多的阅读机会和形式

孩子阅读的时间不能只局限于家里和学校里，也不仅仅是阅读书籍，逛书店是我们母子周末必做的事情，在书店看一会儿书，每人都选择一些需要的书本，让孩子感觉阅读是生活中必需的事情。这给了我不小的惊喜：我发现儿子在语言方面有了很快的提高，上幼儿园时老师们都说他的语言表达能力很强，并且认识的字非常多，生活中这样的点点滴滴很多，我们为此感到欣慰，这可是在平日的阅读中慢慢积累起来的呀，然后再在生活中自然地运用。

六、变被动阅读为主动阅读

总有家长因为孩子不爱读书而烦恼不已，如何才能让孩子主动读书呢？我们的家长，只要从以下三个方面试着去做，就不难让你的孩子爱上读书。

超级父母

1. 家长的影响

家长是孩子的第一任老师。在小学阶段，各方面不能独立的孩子对我们有着天然的依赖，所以他就有模仿我们的天然本性。我们在家里的一言一行、一举一动，时时刻刻都在影响我们的孩子。他们的双眼和心灵，无时无刻不在追随、记录、感受着父母的举动。如果父母都是爱读书的人，那么孩子不爱读书的就极少。试想，茶余饭后，父母总是抱着书本，专心致志地阅读，那么孩子会不会被激发探求阅读的欲望？他们心里是不是一定会想：书里一定有什么秘密，不然父母怎么会那么专注啊！这么一想，孩子自然而然就去翻书了。如果父母再用心的话，就会在孩子面前一本正经地把适合儿童的书当成自己的书（专业书）来津津有味地读。等孩子自己捧书读起时，自然就会发现一片新天地，自然会被吸引住。另外，电视关闭了，电脑也不打开，父母都在读书，孩子自己感觉没事可做时，他首先会受到父母的影响、启发，去找书读。长此以往，你想让孩子不读书都不可能。因为他和你一样，读书成了他生活的一部分，养成了习惯，一天不读书，就会感觉少了什么，不踏实、不自在。

因此，只要作为家长的我们爱读书，有读书的习惯，那么我们真的不用担心我们的孩子不爱读书。退一步讲，如果我们的孩子没受自己的影响不爱读书，那么也关系不大，因为你读了那么多书，那么爱读书，你是会从书中找到好办法的。

一个家长请教"董浩叔叔"，"我的孩子不爱写字怎么办？""董浩叔叔"说："我不知道你的孩子是写什么字，如果是毛笔字的话，你把宣纸铺在他面前，你写你的，他就会写起来。"他还说，他写字就是受自己父亲的影响，他父亲是书法家。其实，这样的例子不胜枚举。这就告诉我

们，孩子读书习惯、兴趣的培养，最简便、最有效、最实用的就是我们家长的示范、榜样作用。为了孩子爱读书，让我们家长先捧起书本读吧！

2. 环境的营造

首先，不管你有上百平方米的敞亮大房间，还是只有几十平方米的昏暗小蜗居，只要有孩子，你就应该努力为他营造一个干净、利落、充满书香气氛的家庭生活小环境。书柜、书架、书桌上当然要有书。床头、枕下、茶几上也要有书，甚至我们在洗手间也要放两本书，让孩子每天的出入起居都能看到书，感觉到书。我们应当让孩子知道，书籍是家庭生活的必需品，也是他自己生活的必备品。孩子在小学阶段，我们一定更要让他有这种意识。我们应当定期和孩子去书店选书、买书，增加藏书量，送孩子一枚藏书专用印章（让孩子与小朋友交换阅读图书），教孩子给图书贴标签、建档案、包书皮等，这些都会给孩子热爱读书、营造书香世界提供良好条件。

其次，墙上的字、画，窗台上的花、草，录音机里的轻音乐，也会给你的书香世界增色不少。孩子一回到家，首先从视觉到听觉就能感受到一种平和、清雅的氛围。想想看，在这样的小世界里，孩子会有什么样的表现？他还会大呼小叫、粗野撒泼吗？当做完作业吃完饭，他会做什么？除了听着音乐遐想，他会不会去翻书呢？

另外，要培养孩子良好的阅读习惯，让孩子爱读书，家长控制自己的不良情绪也很重要。当下，社会竞争激烈，工作压力很大，许多家长都因工作或身体健康而焦虑，有时心情不好是很正常的。但是如果我们没有考虑到孩子，没有控制住自己，把这些不良情绪带回家里，表现在脸上，发泄到家庭成员身上，那么我们就会无意给家庭的天空笼罩一层阴云，让家庭空气缺氧，甚至释放出火药味，就会在不知不觉中让孩子感到紧张、害怕、压抑。这时候就算孩子拿起书本，也是读不下去、读不进去的。而且，你的这种情绪还很容易传染给孩子，给孩子心理上造成阴影，以后孩子拿起这本书，你制造（带来）的那种气氛就会再次浮现，孩子的那种感受就会重现。因此，家长把烦恼丢在门外，把快乐带回家里是至关重要的。如果父母经常吵架、大打出手的话，那么别说孩子爱读书了，恐怕孩子想要按时完成家庭作业，都相当困难了。因此，家长朋友，人生八九不如意，控制自己，再控制自己；为了孩子，也为了自己！

3. 家长的引导

对孩子，我们都充满了爱意，我们影响着孩子的前途和未来。培养孩子的良好品格和行为习惯，在小学阶段至关重要，爱读书就是孩子的良好品行之一。培养孩子读书的兴趣和习惯，让孩子爱上读书，我们一部分家长还需动脑筋，用一些技巧，我们不妨从以下几方面去做。

（1）说

第一，吃饭、做家务时，如果孩子在场，一定要向家庭成员（另一半）津津有味地谈论自己看过的书或正在看的书（当然不是高深的专业书或理论书），或者有意识地就书中的问题同另一半辩论。若发觉孩子被吸引时，一方可以把孩子当成大人，征求孩子的意见，让孩子也帮自己说。如果说不清，可翻开书，共同阅读相关内容，或者找到相关的内容，让孩子替你读出来。

这样做有利于：

a. 让孩子感到受到了尊重。

b. 让孩子知道书可以帮着讲理。

c. 让孩子感到谈论书挺有趣。

d. 同时培养了孩子的思辨和表达能力。

第二，常常提说孩子所看书的内容，同孩子讨论，让孩子觉得自己所看的书，大人也喜欢，让他的读书行为得到认同，产生自豪感。

第三，说说新书。说说新书的销售量，说说新书的作者或者所获得的奖项，以此勾起孩子阅读的欲望。

第四，说书中几个细节给自己的影响，或给一代人的影响，让孩子感觉到书具有神奇的力量。

（2）听

对于电视上的热播剧，或许因为我们对此很感兴趣，其中的演员、主角都知道得一清二楚，甚至我们会因此去寻找这些书籍等。我们更清楚自己爱读书，其中重要的原因就是听了那些精彩的评书、小说。听着不过瘾，听着着急，才到处去寻书借书的。《七侠五义》《隋唐演义》，继而是四大名著等，都是因为听得有趣，才去阅读的。因此，好的广播，如小说评书连播、诗词朗诵等，不妨定时收听，孩子兴许由此就爱上读书。

（3）问

留意孩子手中的书，很谦虚地去请教孩子书中的问题，对孩子的解答表示感谢，让孩子在读书中有当老师的感觉，这种成功感会让孩子更加深入广泛地读书。

（4）读

优美的篇章一起读。你一段，我一段，如果分角色读，有时还可以角色反串，特意让孩子读大人的话，父母读孩子的话。如果有条件，可以录音记录播放，满意的还可以推荐给学校或电台，以此让孩子感受到阅读的温暖，让孩子在朗读中思想和情操得到陶冶。

（5）讲

绘声绘色地讲书中的精彩片段，最关键的地方学会戛然而止，故意留下悬念，故意把书"藏"起来，故意没时间"下回分解"。孩子的胃口已被吊足，他自己不去找书看才怪。当然，你讲的书的内容，一定要注意适合孩子的年龄和性格特点。如果是三四年级的孩子，我敢说，我用《哈利·波特与魔法石》中的一点内容，就会让他着魔般地读完整部书。一般来说，21天养成一个好习惯。孩子读完《哈利·波特》七部，21天是远远不够的。因此，等他读完这几本书，他的读书兴趣有了，习惯也会初步养成。如果你再介绍《哈克贝里·费恩历险记》《海底两万里》《鲁宾孙漂流记》或者秦文君、杨红樱、曹文轩等，他们就会一步一步进入书的世界。

（6）看

看电影也是我们家长引导孩子看书的一种不错的方法。看几部经典大片，然后找原著来读，孩子就会知道电影与原著或剧本的差别，懂得看书会知道得更多，从而不断地去读书。

（7）请

邀请爱读书的家长朋友或孩子朋友来家做客，交流读书心得，交换阅读书籍。让孩子以书交友、会友，以书友增强读书兴趣，以书友肯定自己热爱读书的成果。

高尔基说："书是人类进步的阶梯。"其实，书也是我们精神健康、生命成长的必需养分。书让我们心灵丰富，让我们灵魂美好，让我们言谈举止更文化、更文明。有人说，"小学生读书叫吃书，因为，读书会让小学阶段的孩子长骨骼、长肌肉"。这话我们好好想想，是很有道理的。

家长朋友们，捧起书吧，同我们的孩子一起捧起书吧！

【父母讲给孩子听的故事】

教育孩子要尊重别人

向孩子讲一个《男孩和回音》的故事，作者是英国作家丹·施托普。

一个男孩去牧放奶牛，这是他有生以来第一次。他和奶牛登上一座高山，一道山谷展现在他的面前，茂密的云杉树林尽收眼底。树林里能发出动听的回音，无论何处都不会有如此美妙的声音：男孩对此却一无所知。

男孩开始吹奏芦笛，一边在为他的牲口寻找可口鲜嫩的草料。牧歌悠悠，十分悦耳；不料从远处传来一片回声。可是男孩不知道这是怎么回事，他朝四处张望，却不见一个人影，便情不自禁地自言自语道："那儿谁在吹芦笛？"

"那儿谁在吹芦笛——"只听见有人也在问。可是男孩不知道，这究竟是谁在说话。"你是谁？"他又喊道。

"你是谁——"那边又喊道。他觉得这声音十分耳熟；他不由得暗暗高兴：现在可以同一个兄弟说话聊天啦。"上我这儿来！"他喊道。

"上我这儿来——"回声说。

"我不能！"他说。

"我不能——"那边也说。

超级父母

就这样，你来他往，一句连一句，持续了大约有一刻钟。这时候，我们这位小男孩，以为那个陌生朋友在捉弄他，于是他开始骂对方，对方也开始骂他，双方唇枪舌剑，互不相让。所有这些话语在树林上空回响。小男孩血气方刚、妙语如珠，还骂对方是蠢驴。所有这些清词丽句在四处山谷里一清二楚地回荡缭绕。

这时候，一个采药老人恰好从那儿路过，他侧耳细听这叫骂声。"孩子！"许久他才问道，"你干吗如此喊叫？这儿又没人招惹你。"

"唉！"男孩说，"请告诉我，你认识那个男孩吗？他为什么在那边森林里骂我？简直把我当成了傻瓜，不停地朝我号叫。他这样骂我，可我又没有得罪他；现在我实在是忍无可忍了，我恨不得教训教训他。但愿他会来这里；如果他同我一般大，我非揍他几个耳刮子不可！"

"别这样，孩子！"采药老人说，"我听得一清二楚，这场争端是你先挑起的。谩骂别人的人，别人也同样回敬他，那么他就得自食其果！"

第5章

您了解孩子的作业吗?

第五章　您了解孩子的作业吗？

引　言

这是一位家长的留言。

我的女儿现在 7 岁，上小学二年级，写作业特别磨蹭，一开始我在旁边监督，她也是写几个字就想做点别的事或者和我说话，后来我就让她自己做，可还是行不通。于是我想了好多办法，比如说给她定时间、鼓励她，一开始还可以，可是这样几天她也不当回事了。天天写作业的时间特别长，别的孩子一个小时就能写完的，她最起码要两个半小时多。我是哄也哄了，骂也骂了，打也打了，就是不管用。一看她磨蹭的样子我就来气，真不知道该怎么办了，我特别发愁，希望您能给点建议，谢谢您了。

这位家长反映的问题很多孩子都会有，不只是孩子，我们成人也会有类似的情况。

在心理学中有个名词叫"推迟满足感"，这是美国心理医生斯科克·派克定义的。

什么是"推迟满足感"？不知大家有没有这样的体会：在我们的工作

和生活中，总是把容易和喜欢做的工作或事情先完成，如果一天工作8个小时，我们会找各种理由先做自己喜欢的事，尽量规避棘手的事。到最后一个小时，发现自己要么时间不够了，要么已经没有精力了，于是，只好把最棘手最重要的事推迟到明天。实际上在前7个小时里心里不停地自责、懊恼、焦虑：我怎么会这样呢？到了第二天又重复以前的模式，总之，最棘手的事总是拖到最后。

每个人都有惰性，惰性是天生的，它会拖累我们的脚步，拖延我们的工作。

而所谓"推迟满足感"是指，重新设计人生快乐与痛苦的次序，先面对问题并感受痛苦，然后，解决问题并享受更大的快乐，用通俗一点儿的话就是"先苦后甜"。也就是说，在第一个钟头里，先去解决那些麻烦的差事，在剩下的时间里，会很轻松地完成其他事情。一个钟头的痛苦，加上7个钟头的幸福，显然要比一个钟头的幸福，加上7个钟头的痛苦划算。

我们家长应当如何培养孩子自律，怎样让孩子做到"先苦后甜"呢？

孩子六岁以前，可以从最简单的事情入手。刘曼辉老师谈论他的教子经验时曾这么说：雯雯三四岁时，会有些小作业比如画画、弹电子琴等，我会在雯雯的书桌上放一瓶她最喜欢吃的水果罐头，然后告诉她，画完画就可以吃了，没画完是不能动的。雯雯很听话，虽然开始眼睛盯着罐头，但很快就投入到作业中去了，我和雯雯的爸爸会时不时过来夸夸雯雯："嗯，画得真不错，颜色也配得好"，但绝口不提罐头的事。待她画完后，我们会亲吻雯雯的小脸，一边夸她一边开罐头，此时的雯雯，一脸满足地一小勺一小勺享受着她的罐头。还采用过"如果8点以前做完作业就可以看电视片《西游记》""做完作业带你去看电影""星期天先做作业再去摘蘑菇"等办法。

第五章 您了解孩子的作业吗？

雯雯的学习习惯好像没有太过辛苦就养成了，每天她不仅完成学校的作业，还给自己增加了一些内容：预习第二天的课程、总结前阶段的学习重点、找出薄弱环节……等她学习结束后才去心安理得地去看电视或做别的事情，如果反过来让她先去玩再写作业，她就会玩得相当不踏实。

当年我们没有学过心理学，也不懂斯科克·派克定义的自律四大原则，更不知道这是走向心智成熟的关键。只是觉得自律很重要，是管理自己的一种能力，没想到对雯雯的成长很有帮助。

如果孩子大了，培养"先苦后甜"就要加大"甜"的分量，一盒罐头、一场电影已吸引不了孩子。家长这时要讲道理，如同我前面举的例子，是要一个钟头幸福还是要7个小时的幸福。当然，有的孩子要先玩再写作业也不是不可以，只要能培养出自律，孩子可以控制掌握自己的生活就可以了。

有的家长会说，这些办法我们都用过，但孩子还是磨磨蹭蹭。有一对夫妻对我说，他们上初二的女孩，从小学起每天写作业就磨蹭到晚上11点，上初中后，到12点还没写完，早上6点就得起床，而且孩子也没玩什么，大部分时间都在写作业。孩子身体弱，动不动就生病，这对夫妻说，看到孩子如此受苦，有时想，真不该让她来到这个世界。

我很能理解这对夫妻的感受，但我同时发现：孩子的父亲做事比较拖拉。

超级父母

这就连带出另一个问题：父母本身难以自律，孩子就很可能做不到自律。在年幼的孩子心中，父母是至高无上的权威，自然把父母处理问题的办法全盘接收。父母懂得自律、自制、生活井然有序，孩子就会心领神会，并奉之为最高准则。有的父母告诫孩子："照我的话去做，不过别去学我"，他们的生活毫无章法，却强迫孩子有条不紊地生活，他们遇到问题逃避推诿，做事拖拖拉拉，而却希望孩子高效率地解决问题，敢于承担责任，这几乎是天方夜谭。

自律的核心，就是学习自我照顾，承认自我价值的重要性，并采取一切措施照顾自己，这是走向自立的关键。一个懂得自律的孩子，即便以后遇到天大的挫折，也会鼓足勇气，勇敢地战胜困难，而不自暴自弃。

自律须从幼年培养，不然成年后再进行补救，往往事倍功半。孩子做作业是实践"推迟满足感"的最佳时期，是培养孩子自律的重要手段，我们家长千万不要小看。

小学生需要老师或家长把好检查作业这一关，失去有效的检查，那么孩子的学习能力是难以提高的。家长要学会正确的检查方法，以培养孩子仔细认真、独立思考的能力。

一、提高写作业效率的方法

（一）学会关注不同年龄作业的不同方面

孩子读一、二年级时，重点检查字迹是否写得端正；做完作业时发现有不正确的地方，首先不要指出具体错误之处，而是说出大体范围，如"做得不错，但这个题有些不对的地方，你再看看。"或者在有问题的地方画上一个小圆圈，让孩子自己找出不正确的地方，然后改正。若孩子找出来了，就称赞孩子聪明、能干。

三年级以后，重点检查孩子做题的思路，算式的列法是否正确，而计算的结果一般不检查，由孩子自己确认。如果计算结果错了，老师批改或考试时，判了××，就让孩子自己去心疼、后悔，家长还装着深表遗憾、同情的样子："真可惜，这儿错了一点，没得满分。没关系，下次注意一点，会考好的。"检查语文作业，发现错别字，只在下面画个小圆点，由孩子自己查字典纠正；这样就能培养孩子对自己负责任、认真仔细的学习品质。

（二）不要盯着孩子写作业

我看见有的家长喜欢盯着孩子做作业，一旦发现有问题，或字写错、写歪了，一边帮着孩子涂擦，一边批评、埋怨、责怪孩子："怎么搞的，又做错了，总是改不掉。""说过多少遍，就是记不住，气死人的！"我们可以想象孩子在这种紧张、焦虑的氛围中，他学习的兴趣和能量之门还能打开吗？这个时候，家长再怎么说教，他都是听不进去的，也是很难改正的。

建议做法是，首先过问一下有多少家庭作业，然后让孩子自己去做，我们轻手轻脚地做自己的事，不轻易打扰孩子，等他做完了再按上述方法检查。

（三）培养孩子专心写作业的习惯

孩子的注意力不集中，易分心，是很多孩子具有的特点。年龄越小，控制注意力的时间就会越短，小学一年级的学生一次集中注意力的时间至多只有15分钟。这是由于孩子的神经系统发育还不够完善，正处在发育当中，注意力不集中这种情况将随着年龄的增长逐渐好转。而小学要求学生上课要坐40分钟，然而我们并不能被动地等待孩子自我发育的完善，否则将影响孩子的学习效率及学习成绩。因此，对于注意力不易集中的孩子，可进行一定的具体训练，以提高注意力，适应课堂生活。以下列举一些具体操作方法以供大家参考。

1. 利用"限时鼓励法"

这个方法以举一个例子来说明。如首先了解一下孩子的作业量，心里估计一个完成的时间，然后征询孩子，如"语文 40 分钟能做完吗？数学 30 分钟能做完吗？如果在规定时间做完，给你贴上一个小星星，当达到 5 颗小星星的时候，爸爸会奖励一个你喜欢的东西或带你到××地方去玩。"通常情况下，孩子会乐意接受的。

若发现孩子写作业时有不专心做的表现，只要不是太过分，就让他动一动好了，毕竟家里是一个歇息的地方，比学校要自由得多。如果孩子注意力太不集中，有拖拉的行为，大人可在旁边提醒一下，如"已经做了 15 分钟了，加油！小星星在等着你呢！"这时，孩子也许会集中精力继续做下去。

提醒家长注意的是，这种"限时鼓励法"是为了首先纠正孩子做作业拖拉的坏习惯，他在规定的时间内将作业写完就算达到了目的，要给予表扬，至于作业质量是否满意，是下一步的事。只要孩子

有了一点点进步就要称赞，不能这样说："虽然在规定时间内完成了，但写得不认真，还做错了几题，快去改改！"如果这样处理问题，不断不能纠正孩子做作业拖拉的习惯，而且还打击孩子的学习积极性。

如果换一种方式："你在规定的时间内做完了作业，这很好，爸爸首先给你贴上一个小星星，继续加油。只是这儿好像做得不对，你自己再去检查一下好吗？"我想，如果这样对待孩子，那么他一定会高兴接受的。做家长的要有耐心，只要孩子每天有一点儿进步，就是值得高兴和称赞的事。培养孩子的学习好习惯要一步一步来做，不能急于求成。

2. 利用"中途安抚法"

这种方法还是以举一个例子来说明。如，当发现孩子做作业拖拉，家长感到必须制止时，可以走到孩子身边，用手边抚摩他的头，边说："是不是遇到了难题，做不下去了，要不要妈妈帮你一下？"这样首先把孩子的注意力拉回到学习上。通常情况下，孩子会说没有难题会做，这时大人要表现出一种平静的神情："你很聪明，马上会做完的，妈妈等着你好吗？"这种方法，实际上首先是中止了孩子拖拉的行为，然后让孩子明白：大人在关注他，希望他快一点儿完成作业。

对待做作业拖拉、爱玩的孩子，不能在一旁总是用责怪、数落、抱怨的语言说教他，如，"做作业总是不专心，真是个'调皮鬼'。""快做，不要玩。""几道题，也要做半天，真没出息。"越是责骂、数落孩子，越会加重他的坏习惯。

3. 采用"直接要求法"

如果上述两种方法都不起作用，那么可以用"直接要求法"来纠正。这种方法就是，事先了解一下孩子的作业量，然后直接提出完成的时间，如"今天的语文作业不算多，用20分钟完全可以做完。数学稍微多一点，用35分钟做完。如果在规定时间没完成，到了时间，爸爸便会收起你的作业，装在书包里，不能在家继续做了。老师发现你的作业没做完，会处罚你的"，由此产生的责任完全是由孩子自己承担的。"当然，你觉得时间不够，现在可以提出来，我们再商定完成时间。"那么，大人说到就要做到，当然，在执行这一规定时，情绪要平静，不能发火。要让孩子明白：大人说话是算数的，不是闹着玩的。这种方法是不得已而为之，带有强迫性，要事先与老师取得联系，请老师做好配合，以免老师认为家长不检查作业，把教育孩子的责任推给了老师。

4. 玩扑克游戏

玩扑克游戏，可锻炼注意力高度集中和快速反应能力。取三张不同的牌（去掉花牌），随意排列在桌上，如从左到右依次是梅花2、黑桃3、方块5，选取一张要记住的牌，如梅花2，让她盯住这张牌，然后把三张牌倒扣在桌上，由家长随意更换三张牌的位置，然后，让她报出梅花2在哪儿。如她说猜对了，就胜，两人轮换做游戏。随着能力的提高，家长可以增加难度，如增加牌的数量，变换牌的位置的次数，加快变换牌位置的速度。

这种方法能培养注意力高度集中，由于是游戏，符合孩子的心理特点，非常受孩子欢迎，玩起来孩子的积极性很高。每天坚持玩一阵，注意力就会有所提高。

5. 利用"舒尔兹表格"

可以利用"舒尔兹表格"进行注意力训练。舒尔兹表格，是将一系列数字随机放在表格中，让孩子按顺序找到这些数字，记录孩子每次用的时间，每天玩一到两次，比如：1到25这些数字随机放在"5×5"的表格中，孩子就要从1依次找到25，数字可以随着训练的进行逐渐增多。为了增加训练的趣味性，孩子可以和家长比赛，或者和自己比赛，记录每次所用的时间，有进步就给予表扬。（5×5舒尔兹表，随着孩子越玩越熟练或者孩子年龄增大，可以玩6×6、7×7、8×8的等）

6. 买一些智力训练的书，每天坚持做练习

一些锻炼观察力、注意力、记忆力的图文，如走迷宫，在一大堆图中找某样东西，找异同（同中找异，异中找同），比大小、长短，在规定的时间内把一页图中的物品记住，然后合上书让她报出来，等等。时间不可过长，但往后可延长练习时间，一定要每天坚持练，做对给红五星奖励或打分。

7. 训练听力、注意力

孩子往往在上课听讲时也容易分神，所以听力、注意力的训练也很重要，每天给孩子读一篇文章，读完后要他回答书中的问题，长期坚持就会提高孩子的听力、注意力。或者由家长给孩子念一组数字，或一组词语，让孩子正背或者倒背出来，比如"3698"，倒背就是"8963"，逐渐增加数字和词语的长度，这个游戏不仅能训练注意力，还训练了孩子的记忆力。还可以每天放学回来追问一下每天上课的内容，让孩子把每天每节课的内容复述给家长们听，这样也能无形中养成孩子上课认真听讲的习惯。

8. 培养注意力的其他方法

家长必须注重解决孩子写作业拖延、注意力不集中等多种问题。可以采取以下方法解决相应问题。

（1）时间分割法

低年级孩子的注意力一般来说是短暂的，注意力持续时间一般为15—

20分钟。如果持续时间太长,大脑就会疲劳,学习效率变低,加之作业量大,会感到做作业是漫长而痛苦的事。面对总也做不完的作业,孩子最后选择的结果就是拖拉。因此,可以把时间化整为零,分割成三四段。比如估计要用1小时完成的作业,把时间分成三个"20分钟",每个"20分钟"一结束,就休息5或10分钟。由于每次时间短,还有"短期终极目标"作为激励,做起作业来孩子就会感觉有盼头,就会在规定的时间内思想高度集中地做作业。也可以用化数为量的办法,即把要做的所有作业按数量划成几部分。比如,有15道数学题,规定每做完5道题就休息5分钟,然后再做下一个5道题。休息时可以让孩子听音乐,可以陪孩子说说话或做点游戏。开始实施时一定要有家长监督提醒,严格把握好休息与做作业的时间。

(2)能力训练法

首先,学习是一种能力,写作业所需要的基本能力是视觉、知觉和动作协调配合的能力,所有的作业材料必须经过视觉来做文字处理,同时还要通过大脑传递给手,由手来完成作业。也就是说,作业是由眼睛和手共同"协调、配合"的结果。如果孩子的视觉分辨能力、视觉广度、视觉记忆以及精细动作落后,那么,做作业对孩子来说就是一件困难的甚至是难以胜任的工作。再加上小孩子一般靠兴趣做事,学习的时候玩东西要比从事抄写或者反复计算轻松得多。要从根本上解决孩子做作业拖拉的坏习惯,最重要的是提升孩子的学习能力,能力的提高会带动孩子的学习成绩,让孩子多做户外活动是提升孩子学习能力的有效途径。比如,粘知了、捉蝈蝈、篮球投篮、打乒乓球、打靶等都可以锻炼视觉与手的协调能力,剪纸、仿绘、穿针线等可以锻炼孩子的手眼协调能力,走迷宫、图形辨异等活动可以锻炼孩子的视觉能力。另外，跳绳、滑冰、蹦蹦床、走平衡木等活动可以培养孩子身体的协调能力和平衡能力。

（四）巧妙点拨孩子做习题

不是所有的孩子都不需家长点拨不会做的习题或"爬坡"难题，家长做出相应的辅导和点拨，是必要也是必需的。因为，小学生的学习能力有限，需要大人的诱导和培养。只是在辅导、点拨时要讲究技巧，其方法如下。

1. 让孩子反复读题

许多题目并不难，只是孩子缺乏耐心阅读原题，往往只看了一遍，就感到不会做、很难，这是一种消极的心理暗示。如果大人总是迁就孩子这种消极心理，立即告诉他如何做，甚至将算式都列好了，就会使孩子养成遇到问题不想思考、依赖他人解决的坏习惯。正确的方法是："你很聪明，妈妈相信你，只要多读几遍原题，你会做出来的。"当孩子做出来以后，大人要高兴地称赞："我说你很聪明吧，只要仔细一读题，就会做了。"这时，孩子也一定会高兴起来。

孩子不会做的题，大人坚持让他"再读一遍""再读一遍"……不轻易告诉他，这种鼓励式的读题法是能够"逼"出孩子主动学习的兴趣，从而获得自信。

2. 用例题作辅导

对于孩子经过思考实在不会做的题目，大人也不要直接告诉孩子原题的解法，最好的方法是根据原题，编一个相似的例题，与孩子一起分析、讨论，弄懂弄通例题，再让孩子去做原题。由于弄懂了例题，孩子多半会做原题，如果仍然不会做原题，那么应再回到例题的讨论与计算上。经过几个来回，只要家长有耐心地引导，孩子一定会做原题。这种做法，虽然大人要多付出一些努力，但能够训练孩子举一反三的迁移能力。否则，孩子总是处在就题解题的被动思维定式中，很难建立学习的思维迁移模式。

会学习的孩子，说到底就是具备了举一反三的迁移能力，能够以弄懂例题为基础，去应对千变万化的习题。这就叫做"活读书"，而不是"死读书"。有的家长似乎很疼爱孩子，生怕他多动脑，一遇到难题，就告诉其做法，这是一种错误的方法，应当避开。

3. 只讲关键点

对于有些数学难题，家长一时也编不好例题。那么，可以就这个原题，分析它的关键点在哪里，找到什么条件就好解题了，让孩子根据大人的提示，去思考、列式计算。而不能将算式直接列出来，或告诉孩子第一步做什么，第二步再做什么……如果这样辅导孩子，那么他的解题思路就永远打不开。

当然，孩子上四年级以后，数学题都很难了，许多爬坡题家长也无能为力，如果请家教辅导，那么我建议家长要求家教按上述方法去辅导孩子，不要一来就直接告诉孩子怎么列算式，怎么做题，如果是这样，看起来孩子的难题解决了，但思路还是没有打开。

二、解决孩子写作业问题的方法

（一）解决孩子写作业粗心问题的方法

学习粗心是小学生的通病。如何解决这个问题，不同的家长给出了不同的对策。

对策一：把做功课的时间化成功课量

女儿是粗心大王，作业做错、漏做、计算符号看错，甚至剩下半题忘了做，弄得我也跟着神经紧张。可气的是，怎么提醒她细心都没有用。据我观察，她粗心的原因和大多数孩子一样，没把心思放在功课上。比如，她妈妈规定她做1小时作业，她会不停地瞄时钟。要是动画片快开始了，就更心不在焉了。你要是嘱咐她"再做20分钟去玩"，她竟泡时间，20分钟写了一行字，还错了两个。有一次，我无意中把督促她学习的条件改为"再做5道题才能玩"，结果她5道题做得有质有量，只用了23分钟。我找到了纠正女儿作业粗心的诀窍：化时为量，即把"再做25分钟"，改为"再做6题"。这样，孩子的激情就来了，从"必须忍耐25分钟"的消极状态，转变为"快把练习做完"的积极状态。这种积极状态能帮助孩子集中注意力，不知不觉中克服粗心的毛病。

对策二：对孩子的粗心问题，教给方法比端正态度更重要

儿子很粗心，作业中的错误不断，糟糕的是考试也不例外。期终考试前我检查他所有的作业，结果却令我大吃一惊：至少有20%的题目因粗心而出错。这个问题必须解决。我发现儿子做题直线向前，义无反顾，根本没想到还需要检查。他把检查工作全部留给家长和老师了，家长查出错误，他愿意改，可他自己从不主动发现错误。于是，我向他提出要求：第一，放慢作业速度；第二，自己必须检查；第三，检查方法是做一道题检查一道题，确信没错再做下一道。很快，儿子粗心的现象便明显减少。我觉得我对孩子进行了一次成功的教育，因为我认为，教育就是解决问题，问题就是孩子做作业粗心，而教给方法比端正态度更

重要，因为对于孩子的粗心问题，父母反复叮嘱他细心，简直毫无意义。

对策三：利用"目标倾斜"，纠正作业粗心问题

儿子的粗心问题总发生在爱看的节目和规定的作业时间发生冲突时，这时，即便关掉电视或反复提醒他细心也无济于事，因为他的心不在作业上。

我想起心理学中的"目标倾斜"原理：人们努力工作的前方应安排有快乐的报酬。"目标倾斜"表明，人在接近目标之前的时刻，工作学习的曲线会显著上升。运用这个原理，我把儿子的作业时间，定在他想看节目播映前的1小时，效果很好，即使作业量比平时多，他也能高质量地完成。这就是"先苦后乐"的"目标倾斜"；倒过来，"目标倾斜"还可以"先乐后苦"，如儿子已经开始看电视了，强迫他去做作业，他肯定心不在焉，错误百出，长此以往，更会养成粗心的习惯。与其如此，不如采用"先乐后苦"的"目标倾斜"，看完电视再做作业，这时，他心定了，作业质量就保证了。我从资料上看到，美国最近兴起"好好玩耍，好好读书"的教育模式，让孩子自主拟订游戏与读书计划，其原理就是在此。据报道，孩子拟订的计划，几乎都是先玩再做作业，结果作业粗心现象大有改观。

对策四：孩子粗心，要防备做功课疲劳

一位家长来信说：和许多孩子一样，女儿作业前半部分质量好，后半部分字迹潦草，错字别字很多，大多数家长会说孩子粗心，我以为这是疲劳所致。心理学认为，疲劳是由于长时间持续活动，导致学习能力减弱、效率降低、错误率增加的心理状态。疲劳不能恢复，粗心问题就难以纠正。若适当休息，疲劳得以解除，学习"引擎"再度起动，恢复效率，粗心问题便能解决。我总想方设法帮女儿缓解疲劳。许多父母担心孩子好不容易定下心学习，休息了心不容易收回来。于是，送些点心，让孩子缓解一下就算休息了。殊不知，保持与做功课一样的状态休息，心理的紧张是无法消除的。因此，即便休息5分钟，也要离开书桌，最好忘掉功课。这样，心理紧张的状况才能得以缓和。采用这种方法，不仅解决了女儿粗心问题，她的视力也有所好转。

对策五：不要太在乎孩子的粗心问题，改了就好

低年级的孩子，知识结构尚未形成，思维定式也不明显，作业出错的偶然性和随意性很大。父母看到很容易的题目都做错了，就简单地归结为粗心、不用功，甚至小题大做批评一通。我不太在乎儿子粗心，做错了让他再做一次就可以了。

我特别反对父母过多批评指责孩子作业粗心，特别是低年级儿童，因为他们需要依赖父母的"眼睛"看自己。家长渲染错误的严重性，主观上想引起孩子的注意，克服粗心大意，而客观上不仅不能解决粗心问题，而且严重地强化了孩子内疚、惊慌、恐惧心理，进而形成自我否定的消极心态。我认为，作业做错了，就事论事、有错改错，是孩子最直接的心理反应和最强烈的学习动力。心理科学研究和教育实践都表明，及时纠正错误效果最好。粗心是低年级孩子的通病，父母不必太过计较，只要教给孩子自我反思和改正错误的方法，就是根本。因为，孩子改正错误的过程也是探索成功的过程，随着他们身心的发展，粗心问题是可以克服的。

对策六：从杜绝粗心的根源着手解决问题

数学考了59分，女儿大哭一场，分析其中的原因，一半分数因粗心而丢。粗心让成绩大打折扣，确实可惜。我问女儿："你为自己的粗心痛惜时，有没有想过为什么那么粗心？"看到女儿好奇的表情，我帮她分析：

其一，粗心和知识掌握不扎实有关，2+3等于几，你随口答来一定不会错，但一年级的孩子就可能错，因为他还没形成自动反应。所以，基础知识的掌握，到了能自动反应的程度，粗心就会大大减少。其二，粗心和习惯有关，比如平时作业马虎、粗心惯了，考试时便不由自主地犯错误。所以，平时杜绝粗心，考试才能不丢分。其三，粗心与性格密切相关，你大大咧咧的性格有可爱的一面，但不拘小节办事粗心，反映在学习上，容易增加失误。

有了理论还要有实践，我安排她做一些需要耐心的事（枯燥简单的劳作等），督促她提高平时的作业质量。此外，我还教她预防粗心的技巧，如写张提醒条放在桌上；复查时用反向代入法检验；编一本错题集，了解自己易出错的地方，以便提防，重点检查。面对孩子的粗心，妈妈要拿出更多的耐心和宽容，慢慢想办法，千万不要瞎指挥、乱批评，更不要期望一蹴而就。孩子细心的好习惯是在日常生活中一点一滴养成的。

1. 帮助孩子找到"粗心点"

一位10岁孩子的母亲在解决孩子的粗心问题方面很有心得：

我家孩子数学成绩不好，经过我和孩子仔细分析他每次做错题的原因，我们得出一致结论：不是题不会做，而是每次都会把题目看错。由此，我得知，容易看错题目就是孩子的"粗心点"。

于是，我便告诉孩子："你粗心的原因是每到审题时，你的思维就滑过去了。怎么办呢？以后你每次再做这样的题时，就先停一下，闭上眼睛数三个数，然后再睁开眼睛往下写，这样就不容易错了。因为你没让思维滑过去，而是有意识地给它设了一个障碍。这就像交警叔叔在交通事故多发地段设置警示牌一样。"

孩子用我教他的方法去做，效果真的很明显，每次做作业时，因为粗心导致的错误少多了。

看，面对孩子的粗心，妈妈与其批评孩子，给孩子上"政治课"，不如具体地帮助他们找到问题的症结之所在，采取正确的方法帮助孩子解决问题。

2. 让孩子准备一个错题本

一个孩子的作业本、作文本里到处都有错别字，孩子因此很自卑，他的妈妈对此也很无奈。

于是，孩子的妈妈便去请教儿童教育专家。在教育专家的指导下，妈妈想出了一个好办法。她和这个孩子一起统计和整理他作业本里的错别字，整理完之后，她和孩子都惊奇地发现：原来，总是写错的字就是那么几个。最后，她让孩子准备了一个小本，把整理出来的错别字写在这个本子里，并且和孩子一起分析这些字写错的原因，把这些原因也写进本子里。

在妈妈耐心的指导和孩子的认真坚持下，一周以后，这个孩子作业本里的错别字已经明显减少了。

如果你的孩子存在粗心的习惯，你不妨让他准备一个错题本。

其实，只要对"粗心"问题进行详细的整理，这些问题就可以在思想上、意识上得到纠正。孩子以后再遇到类似的问题，大脑就会自动提出预警和反应。这样，"粗心"的现象就可以最大限度地得到控制。这就如人

在冰上走路，因为冰很滑，所以要小心翼翼地走，因为小心翼翼，所以犯错误的可能自然会少很多。

3. 围绕细心做文章

遇到孩子存在粗心大意的问题，一般的妈妈要么抱怨、要么批评，但这样做往往效果不是很明显。其实，妈妈如果转换一下思维，围绕细心做文章也是一个不错的办法。

一位妈妈曾经这样介绍她的经验：

有时，我不会总是盯住孩子因为粗心而犯的错误不放，而是寻找机会表扬孩子的细心之处。如孩子在没有经过大人的提醒下就把地板扫干净了，孩子避免了一次以前经常会犯的错误等，我都会把这些记录下来。

在我们家墙壁上贴着一张细心表，孩子每细心一次，我就给他画一个红色五角星；当五角星满五个时，我就会给他一个小奖励，如带他去吃一次肯德基等；当小奖励满两次时，我就给他一个大奖励，给他买身新衣服、买个新文具盒等。这样坚持一段时间，我发现孩子的细心点越来越多了，而粗心也明显减少了。

妈妈要特别注意这一点，当孩子粗心大意时，千万不要给孩子贴上负面标签。"你真是屡教不改""你就是一个'小马虎虫'，我看你这粗心的毛病是真改不了了"，当家长说出这样的话时，孩子自己也会丧失信心。

人往往是有求证心理的，孩子更是如此。如果我们努力去寻找孩子的细心点，并不失时机地肯定他、鼓励他，孩子便会感觉自己真的很细心。当孩子的细心点越来越多时，细心便成了孩子的一种习惯。

4. 培养孩子整齐有序的生活习惯

孩子的粗心大意不是一天就形成的。如果孩子从小就生活在一个无序的家庭中，没有一定的作息时间、没有一个好的生活习惯，那么孩子做事丢三落四、马马虎虎就会成为"家常便饭"。

所以，妈妈要引导孩子养成整齐有序的生活习惯。生活上，让孩子养成保管自己物品的好习惯，不仅仅是学习用品，衣服、鞋子等也要放到自己的柜子里，自己保管。学习上，要培养孩子养成当天的作业当天完成、做完作业要检查、课前要预习、课后要复习等好习惯。

生活、学习都整齐有序地进行，粗心大意、马马虎虎当然也就是少有的现象了。

（二）解决孩子写作业慢的问题的方法

孩子写作业慢是一个很普遍的问题。首先，孩子做作业时精力不集中，写着写着就停，不知在想什么，写作业时的多余动作特别多，比如说找橡皮。刚刚学过的有印象的字还要照着书抄下来，这一遍写完了，下一遍还是照着抄，不能连续写。写作业不能独立完成，还要有家长的督促。其次，就是字写得不端正，写字不认真，找不到感觉，让孩子练字还不愿意，抵触情绪严重。不只是语文的字写不好，英语和数学都是如此。数学有几次因为写字潦草、粗心，本来会做的也做错了，平时因为写字慢，作业完不成，被老师留下来的次数也不少。

1. 孩子做作业慢的原因及相应对策

孩子写作业慢的原因分为很多种，我们可以针对各种问题找出原因，并有针对性地加以解决。

（1）协调性差——感统失调

孩子做作业慢的原因中有一类是生理方面的。当今中国家庭多为独生子女，不但伙伴少了，而且多数家长视孩子为掌上明珠，存在过分保护的问题，儿童应有的摸、爬、滚、打、蹦跳等行为，在发育的自然历程中被人为破坏。儿童该爬的时候没爬，日后可能出现协调性、平衡感差，该哭的时候不让哭，口腔肌肉缺乏锻炼，心肺功能弱，甚至语言表达能力。独生子女出现感觉统合障碍的主要原因是：缺乏运动、缺乏游戏、缺乏大自然的熏陶。

现举两个因为感统方面的原因影响了作业速度的例子。

①思维和手不能同步。阳阳今年上小学一年级，非常聪明，但是有一些内向，平时不太爱说话。妈妈反映阳阳做作业时太慢了，但如果有足够的耐心的话，他都能答对，所以不能太着急，不能逼他，只能耐心地等。每次写完作业时，由于他思维比较快，但是表达和写得慢，所以就经常写错、漏写、跳字甚至串行，那样就要重新擦掉，有时写了擦，擦了又写，经常把本子擦破。孩子自己也很着急，很生气。

这个案例表明了有些孩子思维和手不能同步进行，虽然思维比较快，但是表达和写相对比较慢。如果仔细观察就会发现，这样的孩子普遍不太善于交流，比较内向，有时还会出现说话吞吞吐吐，甚至轻度口吃的现象。家长必须注意平时多和孩子交流，多鼓励他和别人交流，要有意识地锻炼孩子的表达能力和读写能力。

②手眼不协调。晨晨今年是一年级的学生，他的协调性不是很好。写作业时总是慢慢腾腾、歪歪扭扭，而且经常写在横格线下面，还爱横跨两格。他写字的时候，如果家长在旁边守着，家长会很着急，而且晨晨经常看着"惯"却写成"贯"，看着"朋友"写成"明友"，因为这个妈妈没少数落他。父母很是纳闷，明明是这个字怎么就能写成另外一个字呢，真是拿他没办法！在学校问题更加严重。写字速度慢，经常在考试时答不完

题，而且做题时还经常出错，所以成绩就特别差。

这种孩子就属于手眼不协调，经常会写字出线、出格，还会出错。由于不协调，所以写作业就会很慢，这样总会挨老师和家长的批评，慢慢地就会很讨厌甚至恐惧写作业。孩子很上进，但因为生理方面的原因，使他们无法像正常孩子那样写作业。如果不细心观察的话，还以为是孩子的学习态度问题，这就实在是太冤枉孩子了！这样的孩子，需要专门做一些感统训练！所以，遇到这种孩子，老师和家长要相互配合，采取正确的方法指导孩子，而不要一味地埋怨批评，导致孩子产生厌学情绪。

（2）父母包办，为孩子做得太多

洋洋今年上小学二年级，平时洋洋什么也不用操心，只管学习和写作业就行。爸爸妈妈为了能让他安心学习，每天都是准备好饭菜才叫他，平时吃什么、喝什么准备得一应俱全，就连刷牙时的牙膏也给他挤好了。上学前妈妈把书包、用具全准备好了，直接让爸爸背着就去送他上学了，书包里装的什么，恐怕洋洋自己都不知道。

令爸爸妈妈痛苦的是他写作业慢慢腾腾，有人陪着还好点，如果爸妈都忙的话，作业就会写得一团糟，但更令他们头疼的是，有时候洋洋根本不知道老师都布置了什么作业。老师在批改作业时也发现他的作业经常不按照顺序做，也不写题号，根本弄不清是哪道题，所以有些题经常会做错或漏做。

洋洋妈妈经常被老师叫去，进行交流后，妈妈也反映说洋洋在家做作业之前，准备文具也是比较混乱。每次等到写错了，才发现没有准备橡皮；铅笔折断了，才发现没有准备削笔刀，一会儿拿这个一会儿拿那个，妈妈不耐烦了就吵："怎么做事总是乱七八糟、丢三落四的，就不能都准备好了吗？"所以这中间来来回回就花去好多时间，本来是一个小时就能做完的作业，他就要花两个小时甚至更多。爸爸妈妈真是想不通，他们各方面都已经做得很好了，怎么洋洋还是令他们这么失望呢！

　　这是一个写作业条理性比较差的典型案例。孩子写作业时不知道有什么作业，对各科作业的先后顺序不懂得合理安排，写作业时文具准备不全，用到的时候才慌慌忙忙去找……这样不能合理规划，写作业当然慢了！其实如果仔细观察这类孩子，就会发现：他们在生活中也如此，丢三落四，不懂得安排和规划。孩子之所以会这样，责任完全在于父母。其实孩子的磨蹭是父母一手包办出来的。对于几岁的孩子，家长往往缺乏耐心，觉得与其让孩子做事，做得乱七八糟的，还不如帮孩子做更省时省力。这种包办代替恰恰剥夺了孩子锻炼的机会，时间一长，孩子养成了依赖的习惯，不愿意主动做事、想事，思维变懒，惰性越来越强。孩子一旦养成这种习惯，不管在生活中还是在学习中，不管是自己能不能做的事情，都会习惯性地依赖他人。如果父母不让孩子自己考虑和承担一些事情，孩子就不会独立，条理性就会很差。

　　【对策】对于洋洋的学习状况，父母要慢慢教会孩子先做什么，后做什么，文具要事先准备好等。但这只能治标。真正要治本，要让孩子做事有条理的话，还得在生活上和学习上全方位要求孩子，慢慢从各方面放手，要让孩子自己学着照顾自己，自己安排自己的生活和学习，父母不要手太勤，忍不住帮孩子去做，要学着做一个懒妈妈，甚至可以让孩子适当帮父母做点家务，这样孩子就会慢慢变得能干起来，条理性也会越来越好。心理学上有一种说法，叫100%理论！世界上许多事情都遵循100%理论，如果所有事都是妈妈做了，孩子就不用做了，如果我们有20%不做，孩子就能完成20%，如果我们80%不能做，孩子就能做80%，孩子的潜力也能爆发80%。如果父母都帮孩子做了，孩子的成长机会实际上就给父母剥夺了，孩子的潜力就一点儿也发挥不出来了。当然，孩子在做事的过程中，父母可以适当指导孩子做事的顺序和条理。

一位教育家说："一次，我发现女儿抄生字很慢，经我仔细观察，发现她写一个字用10秒钟，然后间隔大约10秒钟时间再写下一个字。原来慢的原因是间隔时间太多。我把分析结果讲给她听，告诉她要想提高做作业速度必须减少间隔。两个字的时间间隔不超过5秒，写满一页可以休息5分钟，可喝水、削铅笔等。学习半个小时可以休息10分钟，画画、看画报或玩玩具。她很感兴趣，请我计时给她测试。结果，写字速度提高了两倍多。"结论就是：把磨蹭的时间集中起来让她玩。

有些是孩子本身的性格特点引起的动作慢，同时也受家庭环境的影响。如果家庭成员也性子慢、生活散漫、做事拖拉，也会影响到孩子各方面动作慢。有些是孩子思维运动较为缓慢，做事总是稍微慢一些。遇到这种孩子，首先应正视它，不要用"笨"这一类的字眼来辱骂孩子。一是家庭成员要起榜样作用，自己要一改以往做事慢腾腾的习惯，养成雷厉风行、干净利索、动作快捷迅速的做事习惯，让"快"穿行在日常生活中。比如，和孩子一起做家务活时，比赛看谁先做完或在规定时间内做完，洗漱、穿衣、叠被等看谁先完成。久而久之，孩子的慢性子会有所改变。迁移到学习上，也就可以快起来。二是可以通过游戏活动，制订训练计划，来促进孩子反应速度的提高以及思维的快捷性、敏捷性。比如，每天出30道简单加减运算题写在纸上，用秒表计算时间，看谁能在最短的时间内准确无误地算完，这是算；比赛抄写一长串数字，看谁最先抄完，这是写；家长随意写下几组一排数字或字母，要求快速用笔画出其中连续相同的数字或字母。如：2565528895568775595922，用笔画出"55"，或找出一本书，比赛看谁找到一篇文章中高频出现的某个词，这是找；玩两个字的词语接龙，越快越好。总而言之，这种算、写、找、说训练可以由家长设计，每天一练，每次练半个小时。在求质量的基础上求速度，越快越好。一定要坚持一两个月，不能半途而废。

（3）追求完美——橡皮综合征

蒙蒙是个二年级的女孩子，什么都好，作业工整，成绩优秀。就是有一个缺点，写作业特别慢，写的字稍微有一点儿不整齐或者不干净的地方，她就会马上擦掉重写，有时甚至把本子擦破了，所以写作业花的时间就长了。每次妈妈告诉她只有一两个字不整齐没关系，接着往下写就可以了，但是还是不行，蒙蒙非要擦了重写，妈妈为此也很苦恼，想过很多办法，还是不起多大作用。

蒙蒙是天生的"追求完美主义倾向"。但是，有些孩子写作业慢，却是父母们无形中训练出来的。许多父母本身就希望孩子样样都完美，样样都要求孩子做到最好，哪怕是孩子身上的一点小问题，父母也极力放大。比如作业：哪怕有一丁点儿错误的地方，父母都严格要求，要求孩子改好写工整，这样要求的最终结果，不是孩子写作业慢就是对学习害怕。

【对策】对于这种总是喜欢使用橡皮、不停地擦来擦去的现象，心理学上称之为"橡皮综合征"。原因是孩子学习压力大，心情焦虑，怕出错，对自己要求高或者是父母对孩子要求高造成的。对患有橡皮综合征的孩子，父母不要过多指责，也不要用打骂来纠正其不良行为，而要用奖励的手段进行强化训练来达到目的。孩子在家做作业时尽量少用橡皮，如果作业本保持清洁，在一定时间内迅速准确地写好字，就会有一定的奖励。家中也可做一些简单的"脱敏训练",即用奖励的手段来强化训练,督促孩子尽量少用橡皮,甚至不用橡皮。反之,如果孩子离不开橡皮,家长最好把橡皮没收,经过一段时间的强化训练,孩子依恋橡皮的坏习惯就会逐渐得到纠正。

我国有位著名教育工作者,叫詹文玲,他在山西通宝学校当校长时,就曾对全校学生有个要求,就是学生一律不准用橡皮,孩子刚开始不适应,经常把本子弄个大花脸,后来慢慢习惯了。因为不能用橡皮,结果就逼着孩子们一下笔写作业就必须认真工整,写作业非常专心。于是,错误率大大下降,孩子反而养成了认真思考的良好学习习惯,对自己也有了足够的信心。

(4)学习基础差——学习没有兴趣,学习有困难

孩子写作业速度慢有的是因为学习能力问题。这种孩子是学习基础差,很多知识点没理清,许多题目不会做,所以一让他写作业,他就头疼,一个人做令自己不开心的事,当然不可能主动,结果就是能拖就拖呀!

还有的孩子,只想玩不想学习,对于作业能应付就应付,在学习上感受不到任何乐趣。如果你的孩子属于这种类型,那么真正要解决的不是磨蹭的问题,而是怎么辅导孩子,让孩子学习成绩优异起来。怎样让孩子感受到学习的乐趣呢?解决了孩子知识上的缺陷和学习兴趣的问题,作业速度自然就会加快。

【对策】

①在孩子遇到不会做的题目时的应对方法

有些孩子遇到自己不会做的题目就去问父母,问完之后再接着写作业,再写的时候就需要理清思路,重新进入写作业的状态。刚坐下没多久又遇

到不会做的题目了，又去问。这样来来回回折腾，时间就耽误了！其实这样做，一方面会打断做作业时的安静氛围和专心程度，造成走神；另一方面，会打断孩子做题和写作业的思维。所以建议父母，最好能教孩子如何调整顺序做题。如果遇到不会做的题目，可以先做其他题目，最后再做不会的题目，这样就可以节省时间，也不会中断孩子的思路。

②对于孩子不懂的题目，父母要给孩子补习

父母要了解孩子到底哪里不懂，然后给孩子补上这部分不懂的知识，帮助孩子解决学习上的困难，尽快让孩子跟上学校的学习进度，否则孩子在学习上就会掉队！但需要注意的是，不要全部一股脑儿讲给孩子听，而应启发孩子，最后还是要靠孩子自己把题目做出来。孩子一旦知识点懂了，学习就会慢慢提升，自然速度就快了。

③想方设法让学习变得有趣起来

人就是这样，对于喜欢的事、有趣的事都愿意快点做；而对于枯燥的事，不那么有趣的事，则能拖则拖。孩子如此，大人也是如此，这就是人的天性！所以，对于这类不大喜欢写作业的孩子，父母要多想办法，尽量调动孩子的写作业兴趣，比如：通过游戏的方式、竞赛的方式来安排作业。比如：可以用计时的方式完成某一项作业，规定时间内完成了就表扬或记一个"★"，得够二十个"★"，就可以满足孩子的一个愿望，比如去吃一顿孩子想吃的东西。

④被逼无奈——故意磨蹭

这是一种主观的磨蹭，很多孩子属于这种类型。怎么被逼无奈？被谁逼的呢？当然是爸爸妈妈！现在的家长望子成龙、望女成凤心切，生怕自己的孩子落后，希望孩子能做完学校的家庭作业后再多做些题目，成绩能够名列前茅。所以，每天加了许多"妈妈作业"。孩子也会抓住父母的特点，听听一个孩子的说法吧："快点写作业？我为什么要快呀？写完了我也不能出去玩，写完了老师的作业，我还要写妈妈布置的作业，写完妈妈布置的作业，爸爸的作业又来了，总之就是没有玩的时间……还不如慢点写呢！"

父母没想到吧？没想到"磨蹭"还成了孩子的一条对策。希望爸爸妈妈们不要给孩子加"父母作业"。孩子作业按时按质写完了，剩下的时间就让孩子自己安排吧。否则，孩子会开始有意识地慢，久而久之，渐渐养成习惯，就真的变成磨蹭的坏习惯了。

【对策】把每天老师布置的作业做一个大概的估计，将孩子需要完成的任务进行一个时间预计。一定要给孩子留下休息的时间（自由支配的时间）。如一共要一个半小时，那么孩子一个半小时完成了，余下的时间就必须由孩子自己支配，如玩他喜欢的玩具，或者打一会儿游戏，进行一会儿体育锻炼等。就是让孩子做自己喜欢的事情。养成这样的习惯后，孩子会抓紧时间完成作业，因为早写完就有很多时间玩了。

我想起我孩子刚读一年级时，每天老师都会留点家庭作业。作业虽然不多，但孩子因为没有养成做作业的习惯，总是拖拖拉拉半天做不完，10分钟的作业儿子可以边玩边写磨蹭一个小时。催促一下写一点，不催促就又玩别的东西去了。首先，我明确地告诉儿子："只要你按时按质完成作业，老爸是不会多加一丁点儿作业的，做完作业剩下的时间全归你自己。"另外，我想了一个办法，每次接儿子一回家，我就会对儿子说："儿子，快写作业，写完作业我就带你到下面去玩。""儿子，快写作业，写完我们好到公园去滑冰""儿子，快写作业，等下爸爸还带你去看电影……"儿子一听，爸爸要带自己到下面去玩、去看电影，高兴得不得了，赶快认真写作业，我也兑现我的诺言，带孩子到下面去玩各种各样的游戏。就这样，通过这个办法，一次、两次、三次……他快速认真完成作业的良好行为得到不断重复，最终形成了快速完成作业的良好习惯。

⑤注意力不集中——无关动作多

小健今年7岁，是一年级的学生，看上去活泼、可爱，但是小健的父母却为孩子的学习操碎了心。因为小健写作业时，总是东看西看，拖拖拉拉，一会儿玩橡皮，一会儿吃铅笔，要么咬手指，而且写一会儿就起来溜达一圈，到外摸摸看看。这样的写法怎么能快起来？一个小时的作业常常两三个小时都写不完，所以每天总是很晚才能睡觉。小健为了作业的事经常挨爸爸的打。老师也反映小健上课注意力不集中，而且经常捣乱，很调皮，一会儿拽别人的头发，一会儿拉别人的衣服，影响其他的同学和课堂秩序。

这个案例属于典型的注意力不集中的案例。这种情况在小学低年级的孩子中尤其多。这些孩子由于年龄较小，他们的注意力时间比较短，一般在15—20分钟左右，如果让他们连续做作业超过20分钟，他就会坐不住，写一个字走神5分钟，当然作业就会拖拖拉拉了。有的孩子时间观念不强，注意力不能集中。因此，家长可以让这样的孩子分段写作业。就是放学回家后，问问孩子总共有多少作业，以20分钟为一段，做20分钟作业后，休息一会儿。这样孩子更容易集中注意力完成作业。

【对策】

第一，作业分段。你可以规定一定的做作业时间，你先了解孩子当天的作业量，然后规定在一定时间内必须完成，如完成得好可以给予奖励，尤其是不要忘了精神奖励、精神赞扬。如在壁上贴小红花之类的。如果当天作业太多，就可以把作业分割成两个或三个阶段，每段时间不可过长。

如第一次规定做15分钟或者20分钟，做完后休息一会儿，然后再规定一个15或20分钟，再休息。当孩子的注意能力提高以后，以后所定时间就可以慢慢延长，等养成高度集中学习的好习惯时就不用分割时间了。

第二，要为孩子提供安静的学习环境。孩子学习的地方要简洁、整齐，尤其是书桌，不能堆放玩具等会分散孩子注意力的东西。要求孩子在学习之前准备好所有要用到的文具，避免写作业的过程中又找东西。孩子学习的环境还要安静，如果你的孩子抗干扰能力不强，最好保证孩子听不到电视的声音。不要在孩子正在学习时，中途为了关心孩子，又为孩子送水果、倒水，表示关心，这其实也是在干扰孩子！有些孩子在学习时喜欢突然开小差，问父母一些与学习无关的问题，比如：突然问父母晚上吃什么？突然跟父母提到学校有趣的事。这个时候家长不要回答，因为你一回答，实际上就是默认孩子写作业时可以讲话了，又把孩子的注意力分散了，这也不利于让孩子静心学习。最好告诉孩子，有什么事等他作业做完后再问。

第三，让孩子自觉集中注意力，多给孩子找注意力集中的好感觉。家长平时在家多向孩子强调集中注意力的重要性。还可以让孩子读这方面的故事，比如《小猫钓鱼》，或者关于某个人集中注意力学习的故事。

要孩子集中注意力，还要让孩子相信自己能够做到这一点，多给孩子贴"正向标签"。家长在孩子写作业时，要多观察孩子做得不错的一面，并及时指出来，比如："今天注意力比昨天集中多了，玩东西的次数少了。""今天又有进步，在做数学作业时，我看到足足有20分钟一直在认真做题。"多从正面挖掘，这样就会激发孩子想做得更好的动力。

⑥时间观念差——不会管理时间

这种情况存在最多，可以说，前面几种类型的"拖延"都或多或少有这样的问题。如果孩子不会管理时间，他对时间也就没有概念，写作业、做事拖拖拉拉也就是自然的事了。解决的办法只有一个，就是给孩子自己管理自己时间的自由。让孩子为自己每天的学习和生活订一个计划，什么时间做什么事情，白纸黑字，清清楚楚地写下来，并每天自己监督完成情况。当然，对于年龄小一些的孩子，家长可以在他订计划的时候，提出一些建议，和孩子多讨论，以便他的计划能够更可行、更科学。如果家长坚持这样做三个月以上，你的孩子一定能成为一个做事有效率的人。可是，现在，很多家长总是习惯什么都替孩子想好、安排好，"该写作业了。""到练琴时间了，别看电视了！""该洗澡了！"每天晚上，很多家里，常常能听到家长这样一遍一遍地提醒孩子、催促孩子。家长总是这样替孩子安排时间，孩子当然不用自己操心去怎么安排时间了，也就很难有时间观念。因此，如果你想让孩子成为时间的主人，你就让孩子自己安排时间，如果你想让孩子成为时间的奴隶，那你就一分一分地替孩子安排时间。我想明智的家长一定会做出聪明的选择。

2. 提高作业速度的其他对策

对于孩子的磨蹭问题提出如下解决办法。

第一招：一分钟专项训练

①训练孩子专心做题。准备几十个简单的加减法口算题（根据年级不同，难度可以有所不同），规定一分钟，看孩子最多能做多少道题。让孩子感觉到一分钟都能做十多个小题，而自己写作业的时候，有时候几分钟也做不完一个小题。

②一分钟写汉字训练。找一些笔画和书写难度相当的生字，看孩子在一分钟内最多能写出多少个字。记下每次的情况，并进行对比。

③一分钟写数字训练。笔者所教的班上一个孩子的数字书写特别差，而且非常慢。这学期，数学老师让他每天练习一分钟"0123456789"的快速书写。写一分钟算一次，看一次能写几组，他给我看了最近几天的练习成绩，原来一分钟最多能写5组，现在最多可以写9组，而且还写得工整漂亮一些。

以上训练让孩子体会到时间的宝贵，原来一分钟可以做很多事情，珍惜时间同时也可以提高孩子的写字速度和做题的速度。训练时以1分钟为一组，每天练习三至五组。在训练的时候注意记录孩子的成绩，并进行对比，练习时间以一星期为宜。

第二招：停止催促，坚持表扬

孩子做事情磨蹭的时候，很多家长喜欢喊，不断地催促，结果感觉是越催促，孩子的动作就越慢，家长就更生气，孩子做某件事情的速度快，就表扬。如刚开始可以给孩子出几道简单的题，给1分或2分钟，孩子会很快做好，家长要作大吃一惊状呼道："还不到一分钟呢！"总之，表现出很夸张的样子。随时观察孩子在生活中的表现，对做得快的事情立即表扬，"现在穿衣服快多了！""现在收拾书包快多了"……这样的话但千万不要说成"现在穿衣服快多了！如果写作业也这样快就好了"。只表扬，不提孩子做得不足的地方，坚持下去，通过表扬，会激发孩子内在快的动力。

第三招：节约的时间由孩子自由支配

很多家长喜欢给孩子布置一些家庭内部作业，比如孩子完成了老师布置的作业，家长会布置什么读英语，孩子刚读完英语，家长又安排做奥数题，等等。总之，家长给孩子安排得相当充分，孩子也看出问题的所在，那就是，只要有孩子空闲时间，家长就会安排任务。所以，孩子的对策是，化整为零，在写作业的时候边写边玩。这样拖很长时间，由于老师的布置的作业没有完成，家长也不会另外安排任务，孩子在写作业的过程中就开始拖延了。

【对策】把每天老师布置的作业做一个大概的时间估计，将孩子需要完成的任务（包括家长布置的任务）进行时间预计。一定要给孩子留下休息的时间（自由支配的时间），如一共要一个半小时，那么孩子一个半小时（甚至提前保质保量地）完成了，余下的时间就必须由孩子自己支配，如玩他喜欢的玩具，或者打一会儿游戏，进行一会儿体育锻炼等，就是让孩子做自己喜欢做的事情。养成这样的习惯以后，孩子会抓紧时间完成作业，因为早写完就有很多时间玩了。

第四招：从生活习惯训练

先给孩子规定时间，要求他在规定时间内完成自己要做的事情。一位家长说，她女儿早上起床穿一双袜子要十分钟，孩子在床上把袜子理呀理，什么吃饭，穿衣，洗漱能拖时间，就会尽量拖时间。

【对策】通过训练，缩短孩子生活自理行为的时间，比如和爸爸妈妈比赛穿袜子，看谁更快。在比赛之间先教孩子怎么穿得快的方法，手把手地训练。家长在比赛时，可以故意放慢一点，让孩子觉得有取胜的可能，甚至有时候不经意间输给孩子，让孩子觉得自己能做得快，让孩子在生活中做事快，在学习中才会快起来。

也可以用计时完成某一件事情，在规定时间内完成就表扬或记一个"★"；得够二十个"★"就可以满足孩子的一个愿望。

第五招：规定时间没有完成立即停止

有些孩子写作业拖延时间到晚上十点，这样就减少了睡眠时间，导致

第二天上课没有精神，降低了学习效率，周而复始，会造成恶性循环。这时，可以给孩子规定作业完成的最后时间，要保证孩子至少十个小时的睡眠时间，很多家长规定孩子九点钟上床睡觉，所以到了晚上九点，孩子的作业还没有完成，就不再写了，要求孩子必须睡觉。作业没有完成，会受到老师的批评，以后，孩子就会抓紧时间完成了。这个是狠招，家长要具体分析孩子作业的量，有时候老师布置的作业超标了，就不能用这个办法。不到万不得已，不要使用这种方法。

第六招：理解并及时激励因为负担太重而烦躁的孩子

孩子因为作业太多会有摔笔等动作，很正常，父母千万不可说：你自己的学习工具摔什么啊，你这个孩子真不像话等语言刺激孩子，最好的方法是走过去抱他一下，然后告诉孩子，自己理解他很辛苦，但是努力一下肯定能把困难挺过去。这时候可以讲一下小时候孩子有意思的事情或者他表现好的事情激励一下，给孩子加把劲（其实做过去的笔记真的太重要了，孩子都很喜欢听自己的过去，而我们的好记忆总是不如烂笔头）。

第七招：善用小闹钟

用闹钟督促孩子做作业，有利于孩子快速有效地完成作业。在孩子使用闹钟前，曾经有个孩子做作业的速度相当慢，总是一会儿喝水，一会儿玩橡皮，20分钟的作业拖一个多小时还不能完成。后来，孩子妈妈想了个主意，她每天根据孩子的作业总量和孩子做作业的效率，帮孩子估算出做作业需要的时间，然后让孩子在写作业之前先上闹钟，闹钟在孩子完成作业的期限前10分钟响。从这以后，这位母亲再不用在孩子后面催促"快点、快点"，闹钟是他最好的催促。同时，孩子在自己定闹钟学习的过程中，也不断体验到了成功感，不再把作业当作帮父母完成任务了，学习更加自觉。

超级父母

第八招：把作业当成考试

记得前一段时间在一本教育杂志上看到一篇很好的文章，现分享给大家。

记得女儿上小学三年级时，做家庭作业总是磨磨蹭蹭。两三道题，本应20分钟就可以做完，可她却要耗上近两个小时。你看她，从书包里拿出书本就要花上几分钟时间，翻书、打开作业本也心不在焉。做作业也是东张西望，常常做一些与作业无关的事：抠抠手指甲，拿她喜欢的东西玩上一会儿，或是突然发问："爸，这星期天您休息吗？""妈，咱们什么时候买鞋去？"有时候还要到另一个房间转一圈，要么就停下来整理一下书桌。做一道题，要反复寻找书中的相关内容，甚至还得打电话问同学。因为写得不工整，或写错了，就要撕掉几张作业纸……这样，每天都要耗到很晚才能勉强交差。

一撂笔，就随声而出："唉，好不容易做完了。爸，你该给我检查了！"这时，我要立即放下手中的活儿，像校对员一样，耐心、仔细核查。出现错处，让她改，就更是一件麻烦事：首先是不情愿离开刚看时间不长的动画片，要喊上两三遍，甚至动怒，她才不情愿地过来。到我面前，又会反问我："怎么了？老师就是这么讲的！"我还要耐着性子，给她讲出现错误的原因，她才动手改。总之，很容易的几道题，把父母折腾得很累！

因为做作业磨蹭，女儿的业余时间全被占用了，没有玩和做其他事的时间。所以，她对学习开始产生厌烦情绪，总盼着放假。又因为作业不抓紧时间，到考试时，会做的题也做不完，致使学习成绩下降。这一切引起了我的重视。于是，我决定给女儿支一招——将作业当成考试来完成。

一天，女儿放学回家，正要打开书包做作业，我便过去对她说："从今天开始，咱们把作业当考试吧，怎么样？"女儿一愣，诧异地问我："怎么考啊？"我就反问她说："你们考试有什么规定吗？"女儿不假思索地说："当然有啦！"于是，我俩边写边说，将有关考试的要求一一记录下来，并对女儿说，按考试要求做完作业，你就可以做自己想做的事。一听这话，女儿的劲头更足了，赶紧拿来闹钟，让我帮她计算一下完成作业所需要的时间，迅速将闹钟上好弦，用很短的时间将作业所需要的用具准备齐全，俨然一副考试的架势。我提醒她说："考试可不让看书呀！"女儿很自信地说："我不看书也都会。"

"考试"开始了，看到女儿一本正经的样子，我从内心里很高兴。原来要耗上两个小时才能完成的作业，今天只用了二十几分钟。闹钟一响，女儿将作业本递给我，风趣地说："爸爸老师，给我判卷子吧！"

经过一个月的将作业当成考试的训练，女儿做作业的速度快了许多，准确率也大大提高。这种办法不但激发了她的学习兴趣，也给我们全家的生活增加了许多乐趣。

第九招：在生活中注意培养孩子的时间观念

其实一个孩子的时间观念不强，绝不会只表现在学习方面，而应当表现在生活与做事的方方面面。一个时间观念不强的孩子，不但做作业慢，做任何事都慢！所以，平时在生活中各个方面都要注意培养孩子的时间观念。比如，我的儿子和他表弟每次游泳回来之后都要洗澡，如果家长不提醒他们时间，两个人可以在里面打打闹闹洗上半个小时不出来，这边的作业还没动。这就说明孩子的时间观念不强。后来我就有了经验，规定孩子只能洗10分钟，而且不给闹钟，让孩子自己估计时间！这样孩子的脑子里就有了时间观念，到了大约10分钟时间，孩子就会立即出来，有时我还会问两个孩子：你估计你洗澡刚才用了多长时间？答得准确的孩子，我会表扬他，说他时间观念强；吃饭时也一样，我会规定孩子必须在20分钟内吃完，吃完饭后，估计一下自己吃饭花了多长时间，看看自己估计的时间与实际的时间相差多大；早上起床我也规定时间，7点听到闹钟铃响，必须自己起来，15分钟时间穿衣、洗脸、刷牙。7点15分准时早读，读20分钟。经常督促，孩子的时间感就变强了。

第十招：与学校老师共同配合，形成合力，共同督促孩子

孩子磨蹭，时间观念差，家长在家里督促孩子的同时，还需要与学校老师沟通，争取取得老师的配合。因为有些孩子在家里有家长督促的情况下，速度会变快。但是到了学校，没有了外人的督促，习惯的惯性又会让孩子慢下来。所以，如果能取得老师的配合，在学校也能督促孩子，这样孩子的矫正速度就会变快。

第十一招：用"递减法"矫正孩子的坏习惯

梓豪是五年级的学生，有个不良的习惯：写作业拖拖拉拉，母亲很伤脑筋。明明是快则半小时、慢则一小时的功课，他每天都能写3小时以上。梓豪的外公是教师，暑假的时候给梓豪补课，发现梓豪的反应很快，但是不专心，往往写几分钟就起来东走西走，每小时至少五六次以上。就这样，一小时的时间差不多一半用在了闲逛上面，难怪要用那么长时间来完成功课。为此，母亲想出了各种办法，专门抽出时间陪梓豪写作业，可是梓豪每写几个字必围着屋子溜达一圈，即使有时在母亲的强压之下不能起身，勉强埋头写作业，可是只要母亲一离开房间，梓豪立刻开始我行我素。再者，母亲不能每天都专门陪读，所以梓豪的这个缺点一直没有改进。

分析：梓豪写作业，已经长期养成不能专心的习惯，要他写作业时不要起来走动实在不容易。儿童的不良行为，若是属于初犯或是简单的，

可以运用忽视、不直接作反应的方法来削弱。但事实上，真正初犯就被注意到的不良行为为数很少，多数是出现很多次以后才被发觉。这些长期塑造而成的行为，父母或老师发现、求助的时候，已经相当牢固。可是一般家长或老师往往忽略这项关键因素，恨不得马上改善。因此，会把儿童所要改善的不良行为的标准订得很高、很严格，没有通融的余地，于是形成了双方对立的尖锐形式。在面临此种情境时，运用区别强化的策略会非常有效。

在专家的指导下，这位妈妈改变了教育方法。在鼓励儿子的前提下，她与儿子约法三章，如果儿子写作业时，每小时能把离座次数减到三次以下，就可以看电视，否则就禁止看每晚的动画片。每晚的动画片对梓豪非常有吸引力，这一招儿特别管用，第一个星期梓豪有三天达到标准，三个星期以后就完全做到每小时离座三次以内。这时，妈妈表扬了儿子，并鼓励他争取把每小时离座次数减少到两次或一次。坚持三个月以后，梓豪终于改掉了写作业拖拉的坏习惯。

这个案例道出了矫正坏习惯的真正奥妙！大家不妨试想一下，如果换上性子急的父母，见孩子学习的时候总站起来，可能会大喝一声："坐下！学习要专心，不许走来走去！"结果会怎么样呢？家长若盯着孩子，他就忍耐着，等家长一离开，他就非蹦起来不可，可能会比以往次数还要多！

梓豪的妈妈之所以成功，首先在于她运用了递减法，来帮助儿子改正坏习惯。她不急于一刀斩断孩子的坏习惯，因为她知道这是根本不可能的。她允许儿子每小时可以站起来保持在三次以内，这就调动了儿子的自信心和自控力，使孩子内心真正愿意接受妈妈的建议。其实，科学有效的教育在这里创造了奇迹，因为真正的教育是自我教育，真正的控制是自我控制。

当梓豪完成了第一阶段的目标,即写作业每小时离座三次之内,并因此而受到妈妈的赞许,还可以坦然地看动画片。此时,他的心里是骄傲的,是快乐的,这种成功的体验激励着他继续进步,使他进入了良性发展的轨道。

所以说:培养好习惯用加法,改正坏习惯用减法!

具体说来,如果父母想让孩子养成良好的习惯,那就通过各种方式激励他把好的行为多多重现,因为好行为坚持的时间越久,好习惯形成的程度就越牢固;如果家长想改正孩子的坏习惯,那就鼓励他把坏的行为逐步减少,因为坏习惯只要逐步减少,坏习惯被改正的希望便逐渐增大。

3. 做作业慢的孩子训练方案

孩子写作业慢,家长该怎么办?解决小学生写作业问题的方案是什么?在次向大家推荐郭永莉老师的训练方案,可供大家参考。

(1)环境训练方案

①给孩子爱和安全感。本方案是对父母自身而言,自我反省,和孩子交流,询问孩子,和孩子共同找出需要改变的环节,决定从那里开始第一个改变。父母关系和谐是对孩子最好的爱的教育,孩子会觉得这个世界是安全的。

②剔除多余的关爱。多余的关爱会养成孩子过分依赖的习惯,不要给孩子削铅笔等事情,让他自己做属于他的事情。

③用音乐促进速度。古典音乐有利于右脑的开发和精神的放松,推动大脑的运转,心情愉快自然动作就会快起来,注意音乐的声音不可过大。

④让孩子的面前除了作业和课本什么都不放,避免孩子的注意力发生转移。

（2）情绪训练方案

①在孩子悲愤的时候不要雪上加霜。在孩子抱怨作业多的时候不要指责和批评，要表示你的同情，但不可过夜，只说：作业是有些多，但是我觉得你可以很快做完。拥抱一下他，安慰是最好的疏导剂。

②帮助孩子发泄情绪而不是放纵。在孩子讨厌做作业前先让他动起来，甩掉烦恼，和他一起玩一会儿。

③控制负面批评的次数。在孩子写作业的时候，父母太多的负面批评会使得孩子心中烦躁，没人希望自己在做一件事情的时候总在耳边唠叨。但是必须提醒的是，可以和孩子约定用肢体语言，比如写得潦草用摸摸头等方式进行提醒；如果发现确实错了就等孩子做完后提醒他检查（我是从来不检查作业的，呵呵，我怕他依赖我）。

（3）生理训练方案

这个就是你自己掌握孩子最喜欢的运动或者讲笑话等，当然最好是和孩子一起玩，但是在做作业后，和父母的嬉戏时间是孩子最开心的，这样他就有做作业的动力了。我和儿子喜欢玩"小树不倒"，一个很传统的游戏，就可以锻炼孩子的肌体控制能力。

（4）习惯训练方案

习惯是调整中最主要的，可以尝试以下办法。

①让孩子自己背书包。

②询问孩子感兴趣的事情：这个是一回家就应当问孩子的，习惯后他会主动告诉你，防止心灵的疏远。

③制定奖励和惩罚措施：要严格执行。

④制作小记录和大记录表，根据表现要兑现承诺。

⑤到家后给孩子5分钟的时间上厕所和喝水加餐。

⑥倒计时让孩子到书桌前坐下并拿出所有的书和文具，切忌需要什么取什么，他会以找东西为借口玩一下。

⑦开始的时候对孩子说清，中间做小动作要在记录表上扣分。

⑧让孩子自己收拾书包。

一般这样持续三周就会产生很好的效果了。

每天给孩子做的训练（不要让孩子知道是训练，想办法让他觉得是游戏，比如你和他比赛）如下。

第一，找符号。把加减乘除符号写5行，每行30个，让孩子圈出其中的一种，计时，速度有提高就吻孩子一下吧（我当初训练邻居的孩子的时候是采取假想敌的方法很有效果。我说：名名（我同事的孩子）用了27秒玩了个游戏，你敢挑战吗----千万别说他认识的孩子，防止他今后不相信你啦）。

第二，一口气。15个一组的数字12组，不让孩子有停顿读出来，把读错的给孩子记下来（根据情况组数数量酌情加减，但15个一组最好不动），最后孩子一个不错为过关。

第三，转核桃（我个人认为这个方案最好）。孩子手小，两个核桃转很难，但是太训练孩子的小肌肉和耐心了，还开动大脑。

第四，涂颜色。买点黑白画书让孩子涂色，不要涂出边框，训练细心和耐心速度。

第五，穿针引线：给孩子实实在在的物品，别怕扎着。

第六，找双胞胎。从字行中找出例字，圈出来的同时写出个数。比如：小小小小少小小小小少少小小小少字要很不容易辨别。

第七，挑骨头。给孩子读一小段故事，然后复述错的地方让他找或者提出设问。

第八，丛林寻宝。比如，从下面的数字群中把所有的7171圈出来并数出个数。

71717171 717171717177

17177171 717771717171 71171717

7117

可以多一些行列。

第九，静坐时间是5分钟，记录下孩子小动作的次数，越来越少为好。（然后把以上这些方案数量加大、时间加长就可以了，基本90个方案都是这些循环）如果有一个孩子因此受益，请感谢你的孩子，因为是孩子在教育我们如何做好父母。

总之，对孩子磨蹭，家长一定要用耐心和爱心帮助孩子逐步改正，不要操之过急。要注意总结方式方法，不断提高孩子的速度。

【父母讲给孩子听的故事】

教育学生不要轻视别人

向学生讲一个《老鹰和屎壳郎》的故事，作者是古罗马哲学家里米齐乌斯。

一只老鹰追逐一只兔子，想吃掉他。兔子眼看自己走投无路、孤立无援时，突然看到了一只屎壳郎。兔子求屎壳郎帮帮他，救救他。屎壳郎答应帮助他，保护他。

这时候,老鹰已追到跟前。屎壳郎对他说:"请别伤害兔子一根毫毛,因为他是我的仆人。"可是,屎壳郎看上去那么渺小,老鹰才不把他放在眼里呢!老鹰掐死了兔子,并当着屎壳郎的面津津有味地吃了起来。

屎壳郎是不会忘记这一耻辱的,他一心在等待老鹰筑巢。不久,当他发现了老鹰的巢,并看到老鹰把他的蛋放在里面后,便悄悄地飞进去,把老鹰的蛋推到鹰巢的边缘上,使它落到地上摔破了。

老鹰悲愤交集,他飞到天上,来到天神的宝座前,请求天神给他提供一个能安心筑巢、平安孵蛋的地方。天神说:"等你再孵蛋的时候,你可以把蛋放在我的怀抱里孵化。因为你是我的飞鸟,所以我理应好好照料你。"

于是,事情如此这般地发生了。

可是,当那屎壳郎了解真情后,便立刻团了一只粪蛋,然后带着粪蛋飞到天上,来到天神面前,把粪蛋丢进了他的怀抱。天神发现了这个脏东西,想把它抖掉,可是他忘了怀里还有老鹰的蛋。于是把它们连同那团粪蛋一块儿抖掉了。结果,老鹰的蛋又全都打碎了。

轻视别人的人都必将受到别人的报复。

第6章

零花钱 没那么简单

引 言

如果给您的孩子50元钱去超市买东西,您认为自己的孩子会买些什么?我们应不应该给孩子零花钱?这个问题家长们的见解各不相同。在新浪网的一项调查中我们发现了很多问题。

牛牛的爸爸:都是零花钱惹的祸

我们是从缺衣少吃的那个年代走过来的,看着别人吃冰棒自己大口咽口水,看到别人新买的文具盒心里痒痒甚至起盗心,看到别人穿新衣自己裹紧破棉袄恨不得钻地洞的情景仍记忆犹新。所以,我下决心:绝不对让自己的孩子太寒碜。

牛牛上二年级时,我就开始给他零花钱。刚开始,每周10元,只过了三天,他就喊钱用完了;后来,每周涨到20元,他还是说不够。他开始频繁地找我要钱,我也尽量满足。

三年级上星期,老师向我反映:牛牛上课思想不集中,喜欢做小动作,成绩大幅度下滑。我急了,审问他是怎么回事,他不吭声。我在他书包里一搜，发现了一大摞各式各样的玩具卡片。他这才承认，他的零花钱都买了卡片，而且很多卡片都在游戏中输给了同学。我非常恼火，将他的卡片全部没收，警告他：如果以后再买卡片，就停发零花钱。

我每天晚上都要偷偷检查他的书包。还好，再没看到卡片的踪影。不久，老师又反映：牛牛的家庭作业总是偷工减料，而且错误百出。我很纳闷：牛牛每天回来得很晚，说是在教室里做了作业才回家，怎么会偷工减料呢？结果一调查，原来这小鬼头三下五除二将作业敷衍一番后，就跑到游戏厅去了。零花钱又有了新去向！

在牛牛妈妈的强烈要求下，我坚决取缔了牛牛的零花钱。没想到，牛牛在没有一分钱的情况下，仍然恶习不改，频繁出入游戏厅。原来，他的同学看他平时花钱挺大方的，知道有"偿债"能力，都慷慨借钱给他。

我们家离学校只有200多米，是直路，牛牛早在一年级时就开始自己上学回家。但现在为了防止牛牛打游戏，我只好每天接送他。为此，我推掉了很多外出学习出差的机会，以保证每天放学时，按时守在学校门口，将牛牛"押"回家。

看到别人家的孩子那么省心，我真是羡慕。我想，这些麻烦都是我自找的，如果不是给牛牛零花钱，牛牛也不会染上这些坏毛病。

晓蓓的妈妈：让孩子从小学会理财

我们家晓蓓11岁，有储蓄罐，有记账本，有存折。平时，她买学习用品、买自己钟爱的小物什、给同学送礼物、向长辈表孝心，都是用自己的钱。她的钱主要来自于春节的压岁钱、我们定期给的零花钱、她做好事或考高分获得的奖励。她手头一般都有三五百块钱，大钱存银行，小钱放储蓄罐。平时，她每花一分钱都要在账本上记上一笔。每个星期，她都要计算一下，这个星期花了多少钱？花在哪儿了？下个星期准备花多少钱？手头的钱够花吗？能不能再节省一点儿？

我的很多同事朋友都对晓蓓赞赏不已，说我好福气，养了这么一个能干懂事的女儿。其实，小孩子的习惯都是慢慢养成的。刚开始，晓蓓对钱没什么概念，看见喜欢的东西就要买，手头有钱就一定要花。后来，我经常带她购物，教她货比三家，教她有节制、有计划地买东西，告诉她花了多少钱还剩多少钱一定要心里有数，记不住的话就写在本子上。过段时间再总结一下，看看钱都花在哪儿了。晓蓓慢慢觉察到，合理花钱的确比乱花钱要好，既省了钱，又能买到想要的东西。于是，她也开始自觉地记账、算账。

通过合理支配零花钱，我发现，晓蓓的自立能力、协调能力、处事能力都比以前强多了。

一、给孩子零花钱的理由

认为应该给孩子零花钱的家长们的理由很充分——

第一，孩子长到一定的年龄，零花钱成为一种客观的、合理的需要，需要经常用来支付零食等合理的开销。小学生不是应不应该有零花钱，而是应该怎样正确使用零钱。要让小学生在使用零花钱的过程中树立正确的金钱观，并认识到，钱是劳动价值的体现，父母的钱是劳动所得，干一天活，挣了几元、几十元钱，因此要珍惜，不能随便乱花钱。

第二，小学生已经有了一定的生活自理能力，尝试支配零花钱已经成为可能，虽然不一定支配得很好。当

然，小学生也要学会："有计划地"花销，锻炼正确支配钱的能力。购买衣服、鞋子、书包、电子琴等比较贵重的物品，花钱数额比较大，小学生虽然缺少购买经验，但只要家长陪孩子们一起购买，也没有什么可怕的。

第三，为了让小学生学会正确地对待钱。首先要有一定的钱，适当的零花钱可以帮助小学生正确理解钱的意义，培养正确的经济观念和金钱观，训练小学生存钱用钱的方法。有人把零花钱称为小学生的"财务学习基金"，不是吗？

第四，小学生已能读懂和区分钱币的面额，能进行加、减、乘、除计算，有时需要买一些小物品，懂得钞票与购物之间的关系了。这时，给点零花钱，让小学生的需求得到满足，使其在购物过程中愉快地成长，难道有什么不对吗？

第五，春节的压岁钱，亲朋好友送给小学生的礼钱，爷爷奶奶给的奖金，家长都不要没收，要帮助他们储蓄起来。怎么花？让他们自己说了算，要帮助他们学会预算，家长当参谋，本着量入为出的原则，购置喜爱的"大件"商品，如学习机、运动服等。如果小学生有乱花钱和铺张浪费的现象也不足为怪，老师和家长要以适当的方法进行引导教育。

第六，同学间既要慷慨大方、助人为乐，又不要无原则地大手大脚花钱，既要勤俭节约、珍惜金钱，又不小里小气，斤斤计较，养成会聚钱会花钱的习惯和能力。

最后，让我给大家举一个小孩子有了零花钱学会当家理财的例子吧！美国石油大王洛克菲勒是世界上第一个拥有10亿美元财产的大富翁，他非常重视对子女花钱精打细算的教育。他有一个账本，扉页上印着孩子零花钱的规定——7—8岁每周30美分，11—12岁每周1美元，12岁以上每周 3 美元。要求子女在本子上记清每笔支出的用途，待下一次领钱时交父亲检查，账目清楚，用途正当，下周增加 5 美分。由于洛克菲勒对子女零花钱严格要求，从而使孩子们逐渐学会了精打细算和当家理财的本领，后来都成为理财专家。

二、不同的年龄阶段发多少零花钱合适？

小学阶段一周七天发 10 到 15 元；初中 30—50 元，根据家庭情况而定。

三、如何帮孩子管理零花钱？

我们一起看一下洛克菲勒家族零用钱的处理细则。我钦佩这个家族：这个节俭成性的资本家，对自己的子孙显得这么抠门，却是个不折不扣的大慈善家。洛克菲勒一世，一生为慈善事业的贡献超过了十亿美元，可以作为很好的见证。而且，这个家族在 20 世纪成立中国医学委员会，后来还设立了北京协和医科大学。

中国有句老话说"富不过三代"，但是洛克菲勒家族发展到现在已经是第六代了，依然如日中天，独"富"天下。可见，从日常零花钱开始的理财教育和家庭教育对这个家族获得成功产生了莫大的影响。

爸爸和约翰的备忘录———零用钱处理细则。

①从 5 月 1 日起，约翰的零用钱起始标准每周 1 美元 50 美分。

②每周末核对账目，如果当周约翰的财务记录让父亲满意，下周的零用钱上浮 10 美分（最高零用钱金额可等于但不超过每周 2 美元）。

③每周末核对账目，如果当周约翰的财务记录不合规定或无法让父亲满意，下周的零用钱下调 10 美分。

④在任何一周，如果没有可记录的收入或支出，下周的零用钱保持本周水平。

⑤每周末核对账目，如果当周约翰的财务记录合规定，但书写或计算不能令爸爸满意，下周的零用钱保持本周水平。

⑥爸爸是零用钱水准调节的唯一评判人。

⑦双方同意至少20%的零用钱将用于公益事业。

⑧双方同意至少20%的零用钱将用于储蓄。

⑨双方同意每项支出都必须清楚、确切地被记录。

⑩双方同意在未经爸爸、妈妈或斯格尔思小姐（家庭教师）的同意下，约翰不可以购买商品，并向爸爸、妈妈要钱。

⑪双方同意如果约翰需要购买零用钱使用范围以外的商品时，约翰必须征得爸爸、妈妈或斯格尔思小姐的同意。后者将给予约翰足够的资金，找回的零钱和标明商品价格、找零的收据必须在商品购买的当天晚上交给资金的给予方。

⑫双方同意约翰不向任何家庭教师、爸爸的助手和他人要求垫付资金（车费除外）。

⑬对于约翰存进银行账户的零用钱，其超过20%的部分（见细则第八款），爸爸将向约翰的账户补加同等数量的存款。

⑭以上零用钱公约细则将长期有效，直到签字双方同时决定修改其内容。以上协议双方同意并执行。

正确引导孩子省钱和消费，能让他们学会正确地处理零花钱，并用这些钱做更多的事。相比有计划的储蓄和投资，随意花钱对孩子将来的理财生活会有很大的负面影响。美国国家财经教育中心（NCFE）副总裁保罗·理查德列举了一些简单易行的方法，来引导孩子如何正确地使用他们的零花钱——把握升浪起点，外汇交易怎样开始？

①孩子刚学会数数时,就让他们接触钱币。观察和重复是儿童学习的重要方法,家长在给他们提供信息时要起积极主导的作用。

②和孩子交流,简明地告诉他们你的理财窍门——如何省钱,怎样使其不断增长,最重要的是怎样聪明地花钱。

③让孩子学会分清"需要""想要"和"愿望"的区别,为将来的消费计划做好准备。

④设定目标是在认识钱的价值及省钱过程中的最基本的一环。几乎孩子想要的每个玩具或物品,都可以成为"设定目标"这一课中的实物教材。学会设定目标,可让孩子开始独立并对自己负责。

⑤引导孩子学会储蓄。向他们解释储蓄和利息的关系,可以考虑为孩子在家所存储的零花钱支付利息,很快他们就会意识到习惯性的储蓄能为他们带来更多零花钱。

⑥给孩子零花钱时鼓励他们存起一部分。比如给他们5元时就给他们5张1元,让他们至少存1元在家。

⑦带孩子到银行,并为他们开一个户头。长期的储蓄习惯可以说是成功的一个要件。记住,当孩子要求取出一部分钱来买东西时千万不要拒绝他们,否则他的存钱计划可能就此告一段落。

⑧认真记录每一笔储蓄、投资或花销是年轻人要学习的又一个重点。我们可以把它简化一下:准备12个信封,每月的账目放在一个信封里,再把这12个信封放进一个大信封里,这就记录了一年的账目。

⑨在平日购物途中可以向孩子解释钱的价值,如在超市里精打细算可以为家庭节省不少开支。家长可以教孩子如何检查商品质量、查看生产日期、索要保修卡等。如果把你的购物计划好好安排一下,消费通常就是一

件快乐的事，而无计划地大手大脚常导致多花费20%—30%的钱。

⑩允许孩子自己决定如何花钱。无论如何，他们都会从中学到一些东西。在孩子准备一次较大的消费行为前，家长可以传授一些"选择性花钱"的技巧，比如在买某大件商品前要对其价格、性能等先做一些研究比较，家长也可以列举用这笔钱还可以购买的其他几种商品，然后由孩子选择到底应该买哪个。

⑪教孩子如何正确对待商业广告。一项产品是否真的像广告里说得那么十全十美？这个价格真的是促销价吗？同类的其他商品是否会更物美价廉？家长在日常可以和孩子对这些问题进行探讨，让孩子自己得出结论。

⑫警告他们借钱和支付利息的危险。家长不妨试着给孩子提供一小笔贷款，那他们很快就会知道长期贷款的代价了。

⑬在饭店刷卡消费时，告诉孩子怎样使用信用卡。同时教他们怎样分辨价格是否合理、如何防止信用卡诈骗等。

⑭即使孩子已经上了大学，也尽量别让他们使用信用卡。许多大学生在使用信用卡后各项消费计划都严重超支，不得不找许多兼职工作来填补这个大洞。

⑮全家定期开展关于金融方面的讨论。这对年幼的孩子尤其有帮助——这时他们可能刚刚小心翼翼地存起自己的第一笔零花钱，并满怀期

待得到利息。讨论可以涉及现金、支票、信用卡，良好的消费习惯、储蓄和投资的种种益处等。对于十几岁的孩子，告诉他们一些国家和地区的经济现状、怎样节俭持家等。这些教育对孩子今后自己理财将起到至关重要的启蒙作用。

四、给孩子零花钱需要注意的细节

1. 定时定额地给零花钱

我们可以根据家庭和孩子的实际情况，在一定期限内，给孩子一定数目的零花钱。这个数目和期限一般是固定的，这样便于孩子对自己的开支计划有一个明确的预期。

零花钱的用途，主要是平时的学习与生活用品，如吃早点、买纸笔、付交通费用等，大的开支仍由父母支付。对于那些以天为单位支付零花钱的父母，是一个挑战，显然他们对于自己孩子的理财能力缺乏足够的信心。如果孩子把一周或者一个月的钱一次就用光了——比如为了某个同学的生日而买了一件贵重的礼物，怎么办？没关系。首先，父母应当对自己的孩子有一个正确的评估，以此来确定期限的长短和数目的大小；其次，父母应告知零花钱的使用规则，明确这是定时定额给予的零花钱，并要求对收支情况进行记录；最后，要给孩子充分的信任，多表扬、激励，同时要适当地提醒、监督，并在一个阶段后对记录的收支情况进行分析、小结。

这样，孩子的零花钱就在一个可掌控的范围内，不会出现超量满足；如果他一时兴起超前满足了，自然会为此而尝到苦果，那可比你一次一次地说服更有效。

2. 努力学会对孩子说"不"

为什么要说努力学会呢？因为很多时候，父母对孩子说"不是"是一个艰难的决定，很多人还会有愧疚感。现代家庭独生子女居多，物质生活相对富裕，一般家长对孩子的需求都会设法满足，不去区别他们是否有正当的理由。比如前面提到的，如果小孩把一周或者一个月的钱一次就花光了，或者弄丢了，他又来要，那个可怜巴巴的样子，你能不给吗？不给！而且要坚决果断，不要让孩子有丝毫商量的余地。同时还要让他明白：家长不会因为这个处罚你、批评你，因为那些钱是你自己的，你有以任何方式处置的权利，那笔钱如果花光了，就应该为自己的盲目消费埋单；那笔钱如果弄丢了，那就应该为自己的粗心大意负责。

我们都清楚对孩子的溺爱是害，但常常过不了的却是父母自己这一关。要知道我们不会永远都达到孩子即时满足的要求，那何不尝试适当不满足的作用呢？俗话说，穷人的孩子早当家，就有它的道理在其中。当然，如果孩子的表现进步或者优异，我们也不应该吝啬自己赞美的语言，积极的情感体验和愉悦的成就感是孩子们不断前进的持续动力。

3. 弄清零花钱的来龙去脉

钱和我们的日常生活密不可分，在引导孩子认识钱的过程中，一个理念必须让其根植于心：钱是通过劳动得到的报酬，我们可以用它来交换需要的物品或服务。比如，平常给的零花钱就是父母上班的劳动所得，你可以用钱去买心爱的玩具，还可以去乘车、逛公园、看电影等。孩子有时可能会提一些超范围的购买设想，那么我们就不要简单地敷衍应对或呵斥批评——这可是我们和他们交流的好机会：真买吗？询问孩子购买想法是否认真、迫切，有无充足的理由、原因；值得吗？确认此次购买行动的代价和可能的后果，是否值得承担；

有钱吗？因为有金额缺口，是先借再还，还是先存后买，有无可行方案。

如果孩子能够理顺这三个问题，那说明他已经具备一定的理财能力了。如果不行，也不是坏事情：我们可以借此让他对钱的概念有一个明晰的认识，矫正一些不正确的消费观念。我们还可以趁势灌输开源节流的思想，培养储蓄行为，树立通过劳动获得财富的理念（如安排一些额外的家务给予一定的报酬），何乐而不为？当孩子在这种体验中满足了自己的需要，从而获得的成就感是即时满足无法比拟的，他也就更深刻地认识了钱的含义和价值。

优秀的孩子是良好教育的结果，教孩子管理好零花钱，是他们成长过程中的重要一步。

孩子怎么还不懂事？其实，是我们自己的纵容，培养了他们的坏习惯。心理学家认为，人类欲望的满足，可以分为几种：延迟满足、适当不满足、即时满足、超前满足、超量满足。好的教育总是提倡延迟满足和适当不满足。超前满足是愚蠢的行为，超量满足则是浪费的举动；而即时满足则会导致孩子性格急躁，缺乏耐心、爱心和丧失努力奋斗的意识。遗憾的是，我们常常选择了不恰当的方式去满足孩子的要求。

培养孩子耐心细致的心理品质，树立正确的财富观念，养成良好的理财习惯，是很重要的事情。我们可以从孩子的零花钱入手，引导孩子形成健全的人格。

【父母讲给孩子听的故事】

让孩子认识到人不可能十全十美

向孩子讲一个《孔雀的悲哀》的故事，作者是德国诗人布·瓦尔迪斯。

有一次，孔雀在主神朱庇特面前抱怨道："你把我创造得如此美丽，把我的羽毛装饰得这样美妙，从脖子到背脊如花似锦；我的尾巴五彩缤纷，熠熠生辉；我的脑袋上还缀着精致的王冠。美中不足的是，哦，主神，你曾答应我的那个声音，我至今还不曾拥有。对此，所有的鸟儿都瞧不起我，他们讥笑我这沙哑的嗓门。你对待夜莺比对待我和其他鸟儿要好，你给了她一副悦耳动听的嗓子。她每每在夜晚用她那嘹亮的嗓音取悦于人，您想想，这夜莺怎么会不被诗人歌颂呢？哦，我的歌压根儿就不能同夜莺相比，这让我多么伤心哟。"

这时主神说道："你自己不是说，你有一身美丽的羽毛吗？我为每一个创造物都提供了一个天赋。夜莺的嗓门的确不错，能唱美妙动听的歌，可是她的羽毛却是灰不溜丢的，非常不起眼。然而，她却非常满足。因此，你对自己这身华丽的羽毛，还是知足了吧，别再去计较夜莺的歌喉了！"

上帝给予了每个人应有的天赋，所以，谁也别去羡慕上帝给予别人的才能。

第7章

如何让您的孩子成为听课高手

第七章　如何让您的孩子成为听课高手

引 言

周智是我四年级的学生，上课的时候总是听一会儿，就不自觉地东瞧瞧、西看看，桌面上有什么东西都想玩，一支铅笔、一块橡皮都能让他玩上半节课，等到被教师提醒而转过神来听课时，由于没听到前面的而跟不上，所以又去玩手边的东西。考试成绩自然比较差，教师和家长都很着急。他自己也知道上课应认真听讲，想改掉这个坏毛病，可一上课就不自觉地又神游了。

【分析】

①小学四年级的学生虽已发展了有意注意，但还是容易受其他事物的影响而分心，这个年龄的孩子自我控制能力还较差。上课不专心听讲，有其自身的年龄特点。

②虽已上了四年级，却未养成上课听讲的良好习惯。

③对上课所讲的内容不感兴趣。

④不适应教师的讲课形式或不喜欢任课教师。

⑤心理营养不足，想引起老师和同学的关注。

一、听课好习惯的重要性

听课是获得知识的主要途径。学生获得的各门知识，主要还是通过课堂讲授（含在老师指导下的实践、实验课等）这一形式。有的同学说，都有教材了，可以自学。当然可以，但这样会困难得多。一般来说，老师讲课都是做了充分准备的。他们不仅依据教材，还参考了许多有关资料，有自己的见解，也结合了学生的实际进行教学。老师讲课的针对性、实效性较强，而且无论在深度还是广度上都可能会超出现有教材。再者，作为老师，他把自己对这门课的理解、体会的精华都在课堂上无私地传授给了自己的学生，这比仅仅看教材，收效就多得多。退一步说，即使是教师讲的你自己都懂，多听一遍，也会大大有益于孩子巩固这些内容和加深对其理解。这时孩子不仅学会了知识，而且是会学知识了。

二、科学的听课方法

要提高听课效果，就要把预习、听课、做作业、练习作为一个学习小周期来系统考虑，环环紧扣，互相促进。

1. 预习是基础

预习，能理清下节要讲的是什么内容，哪些是自己已懂的，哪些是完全不懂的，哪些是似懂非懂的。这样，就可以目的性更强，有的放矢，重点突出地在老师讲课时留心听讲，肯定会有不错的效果。要学会提出问题，经过思考仍有疑惑，应大胆地向老师请教（我们的老师大都喜欢学生提出问题并与学生讨论问题的）。

2. 听课是关键

要眼到、耳到、脑到、手到。也就是要看清板书，专心听讲，大脑思考，做好笔记，要发挥自身在教学中的主体作用，排除各种干扰，主动积极地跟着老师的思路去思考问题，特别是在如何做好课堂笔记上下功夫。好的课堂笔记除记下老师讲课的思路（提纲）外，很重要的是，还要记下教学中的重点、难点、关键词句、典型事例；记下老师补充讲授的教材以外的新观点、新材料、新事例；记下对讲课信息的主动分析、筛选的意见；记下在听课思考过程中出现的"一闪念"和产生的疑点。这样，就有利于对问题的理解和今后的复习。作业能检验和巩固听课的效果。有的同学只做老师布置的课后练习题，这是远远不够的。为了检查和巩固听课的效果，要尽可能地把课后练习思考题都完成。做作业要先温习一下课堂上讲的内容，之后再开始写，不能满足于任务式的"依葫芦画瓢"。复习，能使新学到的知识进一步升华和提高，"温故而知新"。

3. 增加活动的内容

根据小学生的年龄特点，上课时多采用新鲜、有趣、生动、形象的事物来吸引学生的注意力，如小动物、童话、实物等会使课堂生动活泼。可适当增加活动的内容，让学生参加，会使他们的注意力集中到课堂上。

4. 通过多种途径培养小学生的学习兴趣

通过评价、外部奖赏等来激发小学生的学习动力，并给予及时、积极的反馈，鼓励小学生提各种问题等来激发学习动力。

5. 养成良好的听课习惯

课前预习，把不懂的问题记下来；上课前调整好情绪。有良好的精神状态，是听好课的基础；在课堂上带着问题听课，寻找答案。为了不分散注意力，将与上课无关的东西放在书包里。在听讲时，思考哪些是重点，认为重点的就记下来，准备课后复习。同时，对一些没听懂的也要记下来，以便下课问老师或同学。

6. 对于不认真听讲的小学生，平时应给予较多的关注

小学生都希望得到老师的关注，比如，平时交往中，摸摸学生的头，拍拍学生的肩膀，都会让他们感到自己在教师心目中是有位置的。在上课的时候，可以经常提问，让他们回答问题可以有三个好处：一是可以使他们集中注意力听课；二是可以促使他们思考问题；三是经常受到教师提问的学生，不会以不注意听讲或搞小动作而吸引教师的注意。

三、有效听课的秘诀

（一）激发兴趣，集中注意力

著名数学家华罗庚说："跟老师学习就有这样一个好处，老师可以指导我们减少失败的机会，更快吸收成功的经验，在这个基础上又创造出更好的东西来。"

华罗庚原来也是一个调皮、贪玩的孩子，但他很有数学才能。有一次，数学老师出了一个中国古代有名的算术题——有一样东西，不知是多少。3个3个地数，还余2；5个5个地数，还余3；7个7个的数，还余2。问这样东西是多少？——题目出来后，同学们议论开了，谁也说不出得数．老师刚要张口，华罗庚举手说："我算出来了，是23。"他不但正确地说出了得数，而且算法也很特别，这使老师大为惊诧。可是，这个聪明的孩子，在读完中学后，因为家里贫穷，从此失学了。他回到家里，在自家的小杂货店做生意，卖点香烟、针线之类的东西，替父亲挑起了养活全家的担子。然而，华罗庚仍然酷爱数学。不能上学，就自己想办法学。一次，他向一位老师借来了几本数学书看，便着了魔。从此，他一边做生意、算账，一边学数学。有时看书入了神，别人买东西他也忘了招呼。傍晚，店铺关门以后，他更是一心一意地在数学王国里尽情漫游。一年到头，

差不多每天都要花十几个小时来钻研那些借来的数学书。有时睡到半夜,想起一道数学难题的解法,他准会翻身起床,点亮小油灯,把解法记下来。

(二)培养良好的听课方法

1. 搞懂基本概念再听课

建议学生搞懂基本概念再听课。应该搞懂三个"基本",即基本概念、基本知识和知识点间的基本关系。学习基本概念,要抓住三个问题:"为什么""是什么""干什么"。"为什么"引出这个概念的必要性和目的性;"是什么"是要理清概念的定义、公式、性质、单位等;"干什么"是理清概念的用途。

2. 把握听课重点

一是注意老师的开场白和结束语;二是注意老师的板书;三是注意老师反复强调的部分;四是理清老师的思路,应认清"一条大路",即老师每上一节课从头到尾所走的"路"。看老师是怎样"过关斩将"的,一条大路不是直的,总有几道弯、几个关卡,看老师是怎么迈过去的。看是否步步有据、环环相扣,要评价老师的思路。

3. 大胆参与、主动发言

①大胆参与。会学习的同学总是积极争取各种练习的机会:上台板书、做实验、举手发言、回答老师的提问、反问老师的提问、发表对知识的理解和分析、陈述不同看法。大胆发言有以下优点:可以提高学习的主动性。能够培养锻炼良好的思维品质。可显示出自己在知识、技能、能力并暴露存在的问题。有助于提高自己的语言表达能力。②主动发言"四要":要克服胆怯心理;要先思考后发言;要认真倾听其他同学的发言;要认真领会老师的总结性发言。

4. 当堂理解、超前思考

①在课堂上要自始至终开动脑筋、积极思考，老师"启"，你就"发"，教师讲到哪里，你就想到哪里。②要处理好听课与记笔记之间的关系。③不要在听不懂的问题上纠缠不休。所谓"超前听课，比较听课"，即上课时思路不但要跟着老师走，思路还要力争走在老师前面。

（三）记好课堂笔记

1. 课堂笔记的重要性

①笔记是一份永恒的记录，可以给日后的复习带来很大方便。②笔记能帮助我们克服大脑记忆方面存在的限制。③做笔记能充分调动耳、眼、手、脑等器官协同工作。

2. 课堂笔记记什么

①记老师在黑板上列出来的提纲、图表和解释。②记老师所讲的重要内容和典型事例以及提出问题、分析问题、解决问题的思路、方法和独特的见解。③记老师讲课时补充的精彩内容。④记易混、易错或理解起来有一定困难、模棱两可的内容。⑤记老师上课中提出的新问题、新联想。

3. 加快笔记的速度

利用符号和缩写笔记是给自己复习的，可以使用自己看得懂的符号或速记办法，大大加快记笔记的速度。例如：e.g—例如；Cf—比较；n.d—这一点很重要；=—等于或与……相同；≠—不等于或与……不相同；∵—因为；∴—所以。

（四）克服课堂学习中的"滞后现象"

①既要正视自己的弱点，又要保持良好的学习情绪。

②可以采用"笨鸟先飞"的办法，加强预习，用超前来补偿不足。

③上新课时重视新旧知识之间的联系，通过比较找出它们的异同。

④自觉寻找看书上课时的弱点，虚心听取老师同学的指点。

（五）矫正不正常的课堂行为

1. 不正常的课堂行为的表现

（1）不良行为型

这种类型在课堂上表现为坐立不安，乱涂乱画，传递纸条，交头接耳，吵吵嚷嚷，尖叫起哄，扮怪相逗人发笑，动手动脚，捉弄同学，睡觉，无故旷课，借故逃学等。

（2）不良情绪型

这种类型在课堂上表现为忧心忡忡，害怕老师提问，焦虑不安，心神不定，手足无措，答非所问，沉默寡言，胡思乱想，白日做梦，担心失败，不举手发言，漫不经心，感情淡漠，无心学习等。

2. 不正常的课堂行为的矫正途径

第一，服从老师，及时纠正。老师发现学习不正常的课堂行为，一般会采取以下四种做法。①以凝视的目光递送信息，提醒学生及时纠正不正常行为。②老师边讲课，边走近学生，轻轻拍打学生的肩膀，或者轻点书桌，传递警告信息。③老师通过课堂提问，既让全班学生思考，又让注意力分散的学生回答问题，借此加以纠正。④对于较为严重干扰课堂教学活动的行为，老师则会暂时停止讲课，提出批评意见，让其醒悟。

第二，尊重自己，知荣辱，"人知羞耻，方可教也"。

第三，分析原因，吸取教训。①客观地分析导致学习产生挫折的原因。②建立一个适当的课程学习目标。③自强不息，立志成才。

超级父母

【父母讲给孩子听的故事】

教育孩子不要骄傲自大

向孩子讲一个《高傲的马》的故事,作者是德国诗人布·瓦尔迪斯。

一个富人有一匹高大的马。他让人给这匹骏马套上一副金质的笼头,安上一只昂贵的装饰华丽的鞍子,并披上了一条上面织有金线的丝毯。这马眼睁睁地看着主人让人替他打扮得如此漂亮,不由得心花怒放和盛气凌人起来。

一天,这马被紧紧地拴着,他使劲挣脱了笼头,然后嘶鸣着从那里冲了出去。这时候有一头驴子朝他迎面走来,他背上正驮着沉甸甸的口袋,两条腿一步一步慢腾腾地往前迈。马嘲笑着,满嘴冒着白沫,一边从很远的地方就开始叫道:"让开!是谁让你如此没礼貌的,居然看到一匹像我这样的马还不赶快让路?滚开,不然的话我揍你,把你揍死了,还要把你从这儿拖开!"

驴子怕得要命,连忙让开了一条路,一点儿也不敢吭声。

马横冲直撞地跑了过去,从灌木丛间飞快地穿行而过。可是在冲过灌木丛时,他的蹄冠受伤了。于是,从此以后主人再也不需要他当坐骑了。主人把他身上的金笼头和漂亮的鞍子取了下来,卖给了一个车夫。从这天起,他必须从早到晚拉车。

不久,驴子看到它在拉车,便说道:"你好,朋友!你这是怎么搞的?你那只金笼头,那条金丝毯都哪儿去了?我怎么没看到它们?原来如此,亲爱的朋友,世界上这种情况是常有的:骄傲自大必将受到惩罚。"

当幸福到达顶端的时候,不幸往往也已经站在门前,得意的时候千万别忘乎所以!

第8章

学习习惯 这样去培养

第八章 学习习惯 这样去培养

引 言

　　学习习惯是长期逐渐养成的，一时不容易改变。良好的行为习惯有助于个人的学习，有助于个人的生活，有助于以后成为更为优秀的人才，使其真正获得成功。不良的行为习惯可能导致一个人行为产生偏差，严重的将会影响一个人的前途，甚至影响一个人的一生。因此，培养学生的良好习惯是首要任务，也是素质教育的根本要求。

　　一个学生叫陈君伟，长得虎头虎脑，老师、家长都反映他是一个"调皮大王"，一年级成绩就很差，语数经常考不及格，家长要求留级，可是校方不允许，无奈只好收下该生！刚转入我班时，考试成绩在15分左右，三次测验都不及格。上课不遵守纪律，坐不了几分钟就动桌凳、摇头晃脑，甚至有时还把桌子弄翻了，那声音简直就像炸雷一样；经常挑衅周围的同学，影响别人上课；注意力不集中，经常东张西望；课余时间爱搞"恶作剧"，欺负其他同学；书写很不认真；在家任性、冲动，稍有不如意就大喊大叫，甚至大骂父母。因为他是独生子，再加上他父亲常年忙于生计无暇顾及，根本没时间管他，他母亲又在一家超市工作非常辛苦，每天回到家里已是疲惫不堪，有时孩子不听话，也就听之任之，无能为力，但他聪明活泼、精力充沛。

观察分析：

该同学虽然好动、精力不集中、任性、学习成绩很差，但该同学头脑聪明、精力充沛，也有获得成功的喜悦和欲望。如有时他表现好了或是认真做对了一道题，只要老师及时表扬鼓励，他就会在一段时间内好好表现。

培养方法：

对这样的学生老师需要倾注爱心、关心和耐心。从培养良好的行为习惯入手，多关心他的学习与生活，拉近学生与老师之间的距离，要耐心纠正学生的不良行为，不能急于求成，要时时关心、时时指点，有进步就表扬鼓励。

在纠正过程中，要坚持老师关心与学生帮助相结合。除老师关心外，也要让周围的同学关心帮助他。当他有不良行为时就提醒他，当他有难题时及时帮助辅导他，使他真正体验到融入班集体的乐趣。在老师和同学的积极配合下，当他有一些自制行为时，当他能坚持一定时间稳定注意力时，老师都要及时肯定，并且循序渐进地对学生提出更高一点的要求。让学生多进行一些动手操作、观察思考、语言表达方面的活动。如在课堂上多提问、多指导等，这样都能有力地提高学生的注意力和知识水平。

帮助学生树立自信心，及时鼓励他的每一次良好表现，有进步时就给予肯定，让他尝到学习成功的甜头。多使用一些鼓励性的语言，如："试试你一定行！""你进步了，很好！""你做得很好很认真，同学们都应向你学习。""你的回答太精彩了！"等等。功夫不负有心人，通过训练，就会使他变"你能行"为"我能行"。

老师多和家长联系，共同促进学生的改变。耐心说服家长配合老师做好学生的思想工作。让家长多关心一下学生的学习和表现，多问一下学会了哪些知识，还有哪些不懂的问题，并抽时间帮助他把问题解决。如有家长无法解决的问题告诉老师，老师给予解决。

通过几个月的努力，现在老师和同学都觉得陈君伟同学像变了个人似的，上课听课认真了，坐得住了，精力集中了，同学们也都愿意和他交流合作了。学习成绩也已达到了及格水平，并且劳动也非常积极，在家也变成一个好孩子了。

一、成功的重要要素——学习习惯

（一）学习习惯的含义与重要性

叶圣陶先生说过："教育是什么？从单方面讲，只须一句话，就是培养良好的习惯。"所谓学习的习惯，就是在学习过程中经过反复练习形成并发展，成为一种个体需要的自动化学习行为方式。一个良好的习惯可以让一个人终身受益无穷，不良的习惯则会成为一个学生终身的祸患，一个人能认识却难以逾越的鸿沟，其如影随形，欲抛之，何其难哉！所以我认为班级管理中的最重要任务是培养学生良好的学习习惯。

时下在教育界流行一句话：播种一种观念，收获一种行为；播种一种行为，收获一种习惯；播种一种习惯，收获一种性格；播种一种性格，收获一种命运。习惯是连接观念、行为与性格、命运的中间桥梁，引导学生树立崇高的理想、掀起学生澎湃的激情、冲天的壮志众多教师皆可做到，帮助学生形成正确的行为、合理的举止、科学的措施、创新的做法大部分教师也能企及，然而如何将这些认识一以贯之到学生的行为中去，如何将行为恒久化，怎样将这些行为由自律到自发、由外驱到内驱，并最终形成习惯却少有人能及。

（二）习惯、性格与情商的关系

学习的较量从很大意义上可以说是习惯与习惯的较量，一个好的学习习惯包括多方面的因素，专心、耐心、细心、意志力、控制力、专注力强等，学习的竞争不仅是智商的竞争，而且是情商的角逐，智力高的学生的学习成绩不一定优异，而智力一般的学生，由于情商开发得非常充分，学习成绩却非常不错，这一切都是习惯使然，所有非智力因素的综合导向下的行为就是习惯。美国斯坦福大学的最新研究表明：在这个瞬息万变的时代里，情商（EQ）对人生起着40%的作用，智商（IQ）对人生仅有20%的影响力。情商（EQ）又称情绪智力，是近年来心理学家们提出的与智力和智商相对应的概念。它主要是指人在情绪、情感、意志、耐受挫折等方面的品质。人与人之间的情商并无明显的先天差别，更多与后天的培养息息相关。情商越高，习惯就越好；反过来，好习惯就会促进情商的提高。

（三）培养良好学习习惯的做法

1. 生活处处皆习惯

在生活中，我们注重对事物的观察力与注意力的培养，一般就会养成良好的观察与注意的习惯，这些习惯会自发地、自然地在学习中表现出来。因此，我们在现实生活中，应当加强对学生细心习惯的养成，一个在生活中总是大而化之、粗心大意的学生，难以在做题时做到心细如密，必然会造成在考试中无谓失分。在生活中，要帮助学生养成专心的习惯；在做事时，要经常培养自己心无旁骛的优良品质，在生活中要有意识地培养学生的耐心，切忌浮躁，尤其在做一件复杂工作时，更要静心凝神。

2. 培养习惯从"娃娃"抓起

家长对孩子的教育是最原始的教育，必须注意培养孩子养成各种良好习惯。如收拾自己玩具的习惯、收拾自己房间的习惯，这是培养独立性与自我意识的好办法，同时也能培养孩子的思维能力与动手能力。一定要让孩子形成良好的生活习惯，作息起居要尽量有规律，不能处于无序与杂乱的状态，每一个人的生理都有其特有的节律，我们应该遵循，而不应该人为地打破。当儿童犯错误时，家长应该及时地加以制止，习惯是由一个个具体行为在重复若干次后，在个体身上沉淀下来的稳定性的心理倾向。一个好习惯要从孩子的每一个行为做起，而要改变一个坏习惯，则要从孩子的第一个行为做起。

3. 在细节中养成习惯

细节应当渗透到学习中的每个环节，孩子的学习环境应当安静与相对固定，孩子在作业时坐姿要正确、握笔的姿势要规范，学习时一定要专注。

要提高时间利用率，效率意识是一种非常优良的品质，在做作业时要养成检查的良好习惯，尽可能地减少粗心，让学生少改动，少用橡皮。这样可以让学生尽量减少粗心，做作业时更加专注，减少随意性。做作业的时间应当相对完整，一个相对完整的作业应当尽量一次性独立地完成。

4. 用制度支撑习惯

如何高效地使学生形成良好的学习习惯，教育者应当运用制度加以支撑。著名教育家魏书生告诉我们："一个班级如果说每天靠班主任不知疲倦地去管理，肯定不是一个好方法，而且永远也不能真正管理好这个班级。"一个班级的管理应当制度化与规范化，而不应有更多的随意性。一个优秀的班主任应当靠制度来管理班级，而不应靠面孔与言语上的威严来恐吓学生。这种方法对于家庭、对于家长也是同样适用的。前者具有恒久的约束力，后者只具有临时的管教力，前者有"法治"精神的精髓，后者有"人治"遗留的阴影。我们要努力建成一个制度化的班级。同时要将制度动态化，而不能僵化不变，要坚持两个原则：一是科学性原则，二是适度性原则。要做到事事有章可循，规章制度要涉及班级管理的各个方面与各个阶段。在行动上，采取不拘一格、常换常新的行动策略。将行动措施制度化、常态化，让自己成为制度的执行者，而不仅仅是具体事务的执行者，从而又好又快地帮助学生形成良好的学习习惯。

二、培养孩子良好习惯的九大方法

孩子的良好习惯不是与生俱来的，都是经过父母后天的培养慢慢养成的。但也并不是说，所有的父母都能培养出优秀的孩子。因为培养孩子养成良好的习惯，也是需要一定技巧的。

（一）切断式：检查督促与自我评价相结合

习惯训练需要一定的意志努力，但是完全靠意志控制也是行不通的，因为孩子的意志力有限，必须把意志努力与切断联系结合起来。

切断联系还包括切断与刺激物的联系，不良行为存在是因为周围有它的强化物，没有了客观环境的刺激，不良行为就难以发生。例如，为了改变吃零食的习惯，就要避免零食这一强化物出现，采取一些措施不让孩子带零花钱，不准买零食，时间长了不吃零食的习惯才能养成。

许多习惯都是由一系列的行为组成。坏习惯之前,往往有个先导的事件或行为,这个先导行为可能并不是坏事,但它对形成后面的坏习惯有直接影响。要克服不良习惯,就要切断它和先导行为之间的联系。例如,有的孩子在家里一吃完晚饭就开始看电视,一看电视就舍不得走,等到开始做作业时时间已晚,于是,作业做得马虎潦草。要矫正孩子的这种坏习惯,就要切断这一系列动作间的联系。家长既不开电视,也不允许孩子开电视,这样就可以避免接下来的行为出现。

在对孩子进行教育的过程中,切断联系还包括切断与有不良习惯的人的联系。有些坏习惯有时是受到孩子的同学、朋友不良习惯的影响,那么家长应该想方设法切断自己孩子与他们的联系,这对矫正孩子不良习惯是很有帮助的。

(二)激趣式:激发孩子的兴趣与严格训练相结合

在训练中,我强调"苦练",提倡不怕苦、不怕麻烦。但只有家长的严格没有孩子的积极性,往往会产生"逆反情绪",孩子会在过度的限制中,厌恶习惯训练,逃避习惯培养。

所以,在训练中,一定要注意调动孩子的积极性和主观能动性。要根据孩子的天性和个性来培养习惯,把"苦练"与"趣练"结合起来。

另外，在训练中要增加一定的游戏性，让训练形式多样化，成为一种愉快的活动过程。如学会使用礼貌用语，家长可以选用小品表演的形式；还可以结合故事、童话、儿歌、音乐等形式进行，让孩子在愉快、生动有趣的氛围中接受行为训练，从而达到事半功倍的效果。

（三）疏导式：反复的强化与积极疏导相结合

给孩子疏导时要找好突破口，每个孩子都是独一无二的个体，在教育的方法上也要因人而异，只有适合的才是最好的。比如，有的孩子不爱洗手，不讲究卫生，家长怎么说也没有用。家长发现这个孩子特别喜欢看科幻故事，就利用这个特点疏导，给孩子讲一些和卫生知识有关的科幻故事，让孩子在满足需要的同时，渐渐养成讲卫生的习惯。

家庭教育是一个长期工程，教育孩子绝非一日之功，矫正不良习惯更不是一蹴而就的事，必须反复强化。但是，单纯强化训练时间长了，孩子就不耐烦了。因此，强化训练要与积极疏导相结合，特别是对已经养成不良习惯的孩子，更要抓住积极因素，耐心疏导，使其走上正轨。

父母寻找突破口，就要仔细观察一下孩子的特长、兴趣点是什么，兴奋点在哪里，家长可以把自己的教育意图隐藏起来，让孩子在不知不觉中接受教育。

（四）协议式：孩子的自我控制与履行协议相结合

习惯的培养需要孩子的自我控制，但是孩子的自我控制能力不强，这就需要一定的约束，因此家长必须把自我控制与履行协议结合起来。与孩子制定一个亲子协议，有了协议，就有一定的约束力，就有奋斗的目标。

亲子协议一般是由五个基本部分组成，即确定目标、规定监督方法、确定行为有效期、确定奖励和处罚的规定、契约双方签字。制定亲子协议应该注意以下几点。

①家长以身作则，自己要认真执行协议，这样才能培养孩子的诚信品质。

②协议的内容要简单、具体，便于执行也便于检查。

③协议的标准不要太高，应该让孩子努力就能达到，即"伸手摸不到，跳一跳能摘到"。

④制定了协议就要执行，中心环节就是检查，家长和孩子要互相监督检查。

⑤同时亲子协议还需要"奖罚分明"，做得好了要有所奖励，违反协议也需要进行相应的惩罚。

（五）渐进式：对孩子的严格要求与循序渐进相结合

要根据孩子的情况逐步加大难度。孩子不爱发言，第一阶段训练：爸爸当老师，孩子和妈妈是"学生"，回答"老师"提出的问题，孩子主动举手发言一次，可以奖励一分，累计20分可以换得一个大奖。第二阶段：妈妈当"老师"，把孩子的学校同桌叫到家里来，与孩子一起模拟上课，回答"老师"提出的问题。第三阶段：把"老师"换成爸爸的同事。三个阶段训练完毕，孩子的积分换了一个大奖，上课也敢于发言了。循序渐进的特点是培养目标行为不变(敢于发言的习惯)，但是训练难度逐步加大。孩子的目标行为受到考验和挑战，最后才敢于在课堂上发言。

训练孩子要严格要求，但是不能急躁，不要强求一步到位，欲速则不达，最好的办法是把严格要求与循序渐进紧密结合起来。

（六）分解式：明确要求与具体指导相结合

在训练过程中，给孩子提出的要求要明确，要使孩子养成良好的卫生习惯就要教孩子如何刷牙、洗脸、洗脚、叠被、扫地等。还需要把明确要求与具体指导结合起来，只要求不指导等于空要求，特别是年龄小的孩子更需要具体指导。

有些操作过程较复杂的行为要求，可采用分解操作的指导方法。如学手洗手绢、袜子等，操作时把它分解成五个步骤：一浸、二抹、三搓、四漂洗、五晾晒。这样孩子就很容易掌握其要领，而且印象深刻。

在教育过程中，家长的指导还可以扩展到更广的方面，现在国外的"生活科"课程，就是教会孩子日常生活的知识，这些都可以通过分解式的方法进行。

（七）体验式：实践锻炼与美好体验相结合

家长要想尽办法让孩子在行为的同时有正确的体验，如孩子帮妈妈洗碗。在洗碗的过程中，如果家长不引导，孩子可能只体验到满手的油腻，很不舒服，以后或许就不愿再洗碗了。但如果家长对孩子的这一行为进行即时表扬："哎呀，不怕脏、不怕累，真棒！"孩子就会从妈妈高兴的情感流露中体验到一种快乐和满足，如果这种快乐与满足超过了洗碗这一行为中的痛苦，孩子今后还会持续地做帮妈妈洗碗的行为，并可能进而发展成为勤劳的好习惯。

马卡连柯曾说，在学生的思想和行为之间有一条"鸿沟"，需要用实践把这条沟填满。实践之后才有体验和感悟，才能"养"中育情，以情促"成"。

（八）积分式：对孩子平时的表扬与积分奖励相结合

每当孩子表现好的时候，家长若能及时给予表扬，孩子就会大大增加这种行为产生的概率。但是，如果孩子的每一次、每一个好行为都得到表扬的话，孩子往往就疲沓了，频繁的表扬对孩子的影响就不大。我们可采用积分制来解决这个问题。孩子每一次好行为都可以得到一个分数，积累到一定数目就可以换取某种奖励，积分法可以起到长效的作用，对培养习惯是十分有利的。

训练的方法有很多，要因人而异，因材施教，要根据孩子不同的年龄、不同的性格气质采取不同的训练方法，这样才能事半功倍。，达到理想的效果。

（九）制约式：纪律的制约与自我要求相结合

要养成良好习惯，既需要内部的意志力，也需要外部的强制力，孩子自觉性不高，良好习惯的养成完全靠自觉是行不通的，必要的纪律制约很重要。

"国有国法，家有家规"，家庭必须制订家规，以此来约束孩子的行为。同时，还要把纪律制约与自我要求结合起来，提倡孩子自我要求、自我教育。鼓励孩子把易犯的错误写成小条贴在文具盒中时刻提醒自己，让孩子在家中有针对性地贴上名言、警句，用来自我提醒。

三、小学生学习行为习惯培养的个案研究

（一）问题的发现：王宇的学习成绩下滑

9月份，我接了四二班，担任班主任，经过几个月的相处，对班上学生的基本情况大致有了一定的了解。根据平时的听讲态度、作业完成情况以及一些小测验成绩来看，我发现王宇同学最近一段时间里成绩有所下滑。上课听讲态度不如以前认真，不愿意发言，作业完成也不及时，还经常偷工减料，性格也没有以前开朗了，开始变得不爱讲话；课任教师也反映王宇最近一段时间的表现不太好，究竟王宇为什么会有如此的大的变化呢？

（二）问题的症结：解读王宇

小王宇，今年 9 岁，就读于本市某小学四年级二班（我新担任班主任的班级），二年级以前学习成绩较好，期末考试的数学、语文成绩都在 90 分以上。但本学期开学以来，在学校的学习情况不太乐观，学习成绩有下滑的迹象。为了弄清王宇的学习成绩突然下滑的真正原因，我决定去王宇家做一次家访。一个周日的上午，如约来到王宇家，她的妈妈接待了我。这时王宇正在自己屋里学习，知道我来了，就出来打招呼，说了两句话就又回屋去了。和王宇的妈妈说明来意后，我们就攀谈起来。当谈到王宇最近的学习成绩时，王宇的妈妈对我所说的现象也表示有所察觉，同时也感到疑惑，不知道为什么会这样。她说："我和她爸爸平时工作虽然很忙，但都会抽出一个人来督促孩子学习的。而且我们对她的期望也很高，希望她能好好学习，将来能考上个理想的大学，也圆了做父母的未能上大学的梦，所以，对王宇的管教很严格。自从她上学以来，就开始给她请家教，辅导她的课程。为了让孩子可以多方面发展，还报了几个课外的特长班。以前她的学习成绩也很好，到家知道主动学习。可这次开学，总觉得这孩子变了，学习主动性不高，得叮嘱好几次，才拖拖拉拉地进屋学习，特长班也是应付了事，在家里不爱提学校学习的情况了。我和她爸爸都很着急。"听完王宇妈妈的讲述，我心里不禁在想：是不是因为王宇长期处在这种家庭的"高压"状态，而导致对学习失去了兴趣，甚至开始产生讨厌和抵触情绪，如果真是这样，我感觉到事情有些严重了。

回到学校后，为了证实一下猜测是否正确，我又找王宇谈了一次话。这次谈话，我们是在一种轻松、愉悦的氛围中进行的，意图是不要让王宇感觉到老师的那种居高临下和威严，而是像一个朋友那样与她真心地进行交流，让她毫无顾虑地说出自己的想法。通过这次并不算太长时间的沟通，终于找到了问题的答案。果然，王宇对父母越来越严格的管教感到厌烦极了。现在她不像以前那样爱学习，看到书本就头疼，无法进入正常的学习状态，而且感觉不管怎么学都学不会，觉得哪科都该学，又无从下手。知道了王宇的想法，我决定与她的父母进行深一步的沟通。

（三）问题的实施方案和结果：王宇的转变

在和王宇的父母经过进一步的交流后，得出了一个结论就是：王宇以前所谓的"很爱学习"，并不是因为她真正喜欢，同时有适宜自己的一套学习方法。而是因为她处于父母的"压迫"情况下，在一种压抑、被动、消极和强迫的氛围中进行的。当这种氛围超出她的承受力后，最终使她放弃了学习，导致成绩下滑。因此，和其父母商量，要培养王宇有一个良好的学习行为习惯，来改变她目前的这种状况，让她真正找到学习的感觉，将成绩提高。要培养小学生有良好的学习行为习惯，就必须让他们做到真正地去学习，即真正进入学习状态，充分发挥本身的主观能动性。于是，建议王宇的父母在家里时，要多给孩子一些自由的空间，不要因为他们的高期望，不管她的接受和承受能力，一味地提高要求，强迫学这学那的，这样最终会导致孩子失去追求知识的兴趣。而在课堂上我则经常性地对王宇进行提问，答对的时候会适度地夸奖她，让她继续努力；答错的时候就会鼓励她不要气馁。平时批改作业时，在她的作业本上除了指明对错、打出分数外，又相应地给出一些有针对性的评语。让王宇感觉到学习本身是一件有趣的事，她可以学好，从而激发她对学习的主观能动性，树立学习的自信心。

这样，经过王宇父母一段时间的努力，发现王宇真的比以前有所转变。

性格开朗了，爱说话，上课又像以前那样愿意发言，作业也做得认真、工整了。有一天，我又把王宇叫到办公室，想了解一下她现在的情况。她看起来很高兴，她告诉我："老师，现在我爸爸和妈妈不像以前那样，一到家就不停地给我加作业了。做完作业，还可以看自己喜欢的电视节目，也可以和小朋友玩。有时周末，爸爸、妈妈还会抽空陪我出去呢。现在我不用学习很晚才睡觉了，而且我还可以挑选自己喜欢的特长班，家长也会根据我的学习情况，有选择地帮我报班。这段时间很开心，感觉学习挺有意思的。"看着王宇那稚嫩的小脸上洋溢着天真无邪的笑容，我的心里也有了一丝欣慰。

看来王宇已经从主观上对学习真正产生了兴趣，于是我和王宇的父母开始进行下一步的计划。我建议王宇的父母在平时的学习过程中，要鼓励王宇养成积极思考、善于动脑的习惯。培养她对学习过程中遇到的困难，要有敢于面对的勇气，同时对学过的知识学会举一反三，真正做到学以致用。还要和王宇一起制订学习计划，让她逐渐养成按照计划学习的好习惯。俗话说："没有规矩，不成方圆。"但是，制订这种学习计划，一定要让王宇发挥自己的积极性，家长不能代替，只在一旁提出一些有指导性的意见，同时制订计划时，要包括德、智、体、美、劳等各方面的安排，当然学习是其中的重要部分了。这份学习计划要简明，最重要的是计划可以改变，但绝不能不按照计划学习，让它成为一纸空文。王宇的父母都欣然接受了。没过几天，王宇就高兴地找到了我，拿出一份学习计划，自豪地告诉我，那是她和爸爸、妈妈一起制定的，具体的学习计划是这样的：

①每周一至周五，除在校上课外，早晨要背诵课文、单词、记忆基础知识或者预习等。

②放学回家后，主动完成当天老师布置的作业，然后复习已学的课程，做些相应的练习。同时有玩的时间和劳动的时间（主要培养孩子会做力所能及的事情）。

③周六、周日上午各参加一个特长班，回家后休息、看电视等。下午做作业，并安排一次小结性的复习。

看着这份学习计划，虽然它很简短，也不那么详尽，但我觉得好像从中读出了许多内容。

我问王宇是否愿意按照这个计划去做？王宇开心地说："当然愿意，是我自己要求这么写的，等以后我还会把它写得更详细。"我又问王宇："那你知道怎样才能很好地做好复习、预习吗？"王宇眨了眨眼睛，有些沮丧，摇摇头说："不是很清楚。"我笑着说："没关系，老师告诉你。复习呢，就是把以前学过的知识点好好地看一遍，再相应地做些练习题，看自己是否真正掌握了已学过的知识，是否记得扎实，弄不明白的地方做上记号，及时问老师或与同学们一起探讨，这样记忆就深刻了。同时，学习过的知识不要呆板，要会灵活运用。而预习呢，就是自己先试着学习一下新课程，在新课程中找一找哪些是学过的知识，哪些是新知识，这样既起到温习的效果，又让自己做到对新课程胸中有数，将新知识点记录下来，等老师上课时，就会有重点地去听讲，这样你就会很轻松地完成一节课的学习了。"听了我的话，王宇高兴地说："老师，我知道了。"

经过这段时间，王宇父母的配合和努力，王宇的表现大有好转，上课积极思考，踊跃发言，不懂就大胆提问，学习积极性很高，还喜欢帮助同学解决学习上的一些问题，而且每天都可以看见她那张开心的笑脸。

四、反思与讨论

经过王宇的这次转变过程,也给了我们一定的启示和反思:习惯对于每个人来说,其力量是巨大的。一个人如果一旦养成了一种习惯,就会不自觉地在这个轨道上运行。倘若这是一种好的习惯,那将会受益终生;反之,就会在不知不觉中影响孩子一辈子。小学生正处于发育的阶段,好多习惯都是在这个阶段形成的,因此控制和把握好这个阶段,对小学生来说是有重要意义的。同样,要让他们好好学习,就必须培养他们有一种良好的学习行为习惯,而要拥有这种习惯,一定要让他们保持良好的学习状态,合理地运用学习方法,及时改进在学习中存在的问题,让小学生做到"主动地、有个性地"学习。与此同时,在培养小学生的良好学习习惯的过程中,一定要和学生家长保持密切的联系,经常沟通,互相配合,遇到问题时双方及时加以解决,只有这样,才可能培养一个学生良好的学习行为习惯。

【父母讲给孩子听的故事】

教育孩子为人要讲信义

向孩子讲一个《老鼠和青蛙》的故事,作者是德国诗人汉斯·萨克斯。

有一天,一只老鼠坐在河边,它在考虑该如何渡到对岸去。

"唉,"她叹息道,"这么远,我肯定游不过去的。"

这时候,一只青蛙正好在不远处的浅水里,老鼠说的话被他听到了。他游到岸边说道:"我可以把你安全地渡过河去。"

老鼠相信了他的话,欣然同意了。这时青蛙找来一根绳子,一头绑在自己的身上，另一头拴在了老鼠的尾巴上，然后他跳到水里；当他在河里把老鼠拖了一段路，突然往水下潜去时，老鼠也不得不跟着往河水深处钻。"救命！"这时它不禁叫道，"难道你想淹死我吗？你怎么对我做出这种不讲信义的事！"

可是，青蛙回答说："常言说：甜言蜜语的背后隐藏着背信弃义，你为什么不提防些呢？"

这时候，有一只白鹤飞来了，看到水中的老鼠在挣扎。他俯冲下去，一把抓住她，连同青蛙一起带回自己的窝巢里。不过他抓老鼠时根本就没看到青蛙；他回到窝巢后才发现他，于是说道："你怎么也被抓来了？"

"唉，"青蛙回答说，"我这是恶有恶报呀。我本来想让这只老鼠倒霉，想淹死它的，可是现在连我自己也跟着倒大霉了。"

"是呀，这是你应得的下场，"白鹤说着，便张开他那张大嘴，一口把这只不讲信义的青蛙吞到肚里去了。

为他人设下的陷阱，结果自己掉了下去。

第9章

意志力是怎么炼成的

第九章　意志力是怎么炼成的

东汉的时候，有个人名叫孙敬，是著名的政治家。他年轻时勤奋好学，经常关起门，独自一人不停地读书。每天从早到晚读书，常常是废寝忘食。读书时间长，劳累了，还不休息。时间久了，疲倦得直打瞌睡。他怕影响自己的读书学习，就想出了一个特别的办法。古时候，男子的头发很长。他就找一根绳子，一头牢牢地绑在房梁上。当他读书疲劳时打盹了，头一低，绳子就会牵住头发，这样会把头皮扯痛了，马上就清醒了，再继续读书学习。

匡衡勤奋好学，但家中没有蜡烛照明。邻家有灯烛，但光亮照不到他家，匡衡就把墙壁凿了一个洞引来邻家的光亮，让光亮照在书上来读。同乡有个大户人家叫文不识的，是个有钱的人，家中有很多书。匡衡就到他家去做雇工，又不要报酬。主人感到很奇怪，问他为什么这样，他说："我希望能得到你家的书，通读一遍。"主人听了，深为感叹，就把书借给他读。

张海迪，1955年秋天在济南出生。5岁患脊髓病，胸以下全部瘫痪。从那时起，张海迪就开始了她独到的人生。她无法上学，便在家自学完中学课程。15岁时，海迪跟随父母，下放（山东）聊城农村，给孩子当起教书先生。她还自学针灸医术，为乡亲们无偿治疗。后来，张海迪自学多门外语，还当过无线电修理工。在残酷的命运挑战面前，张海迪没有沮丧和沉沦，她以顽强的毅力和恒心与疾病做斗争，经受了严峻的考验，对人生充满了信心。她虽然没有机会走进校门，却发愤学习，学完了小学、中学全部课程，自学了大学英语、日语、德语和世界语，并攻读了大学和硕士研究生的课程。1983年，张海迪开始从事文学创作，先后翻译了《海边诊所》等数十万字的英语小说，编著了《向天空敞开的窗口》《生命的追问》《轮椅上的梦》等书籍。其中《轮椅上的梦》在日本和韩国出版，而《生命的追问》出版不到半年，已重印3次，获得了全国"五个一工程"图书奖。在《生命的追问》之前，这个奖项还从没颁发给散文作品。最近，一部长达30万字的长篇小说《绝顶》即将问世。从1983年开始，张海迪创作和翻译的作品超过100万字。

一、成功具备的要素：智力、意志力、身体健康

家长认为成功要具备的最重要的因素是什么：智力？意志力？身体健康？

在成长过程中，人们要想不断地取得成功，除了需要前面讲到的认识活动的参与和情感的调控之外，还需要借助心理过程的另一个重要方面——意志。

什么是意志？王雁老师在她主编的《普通心理学》是这样定义的：

在心理学中，意志是指人们自觉地确定目的，根据目的的支配、调节自己的行为，并通过克服困难实现预定目的的心理过程。所以，在社会生活中，小到我们搬一件东西，解一道数学题，大到参加科学考察，抗洪抢险，

若为一定的目的付出了艰辛，做出了努力，就肯定有意志过程的参与。

意志对行动的支配和调节体现在两个方面：一是表现为推动人去产生和维持达到一定目的所必需的行动；二是表现为阻止和克制与预定目的相违背的愿望与行动。但意志调节功能的这两个方面在实际活动中不是互相抵触和排斥的，而是一个问题的两个方面，是一个统一的过程。例如，学生为了升学成功，克制自己懒惰、贪玩的习性，把大多数时间用来读书、做题；邱少云为了保证战役的胜利和战友的安全，放弃了滚动身体来扑灭身上的火，宁肯一动不动，直至被火焰夺取生命。古人说过"有所为，有所不为"，正是通过发动和抑制这两种作用，意志实现着对人的活动的支配和调节，才保证了活动目的的顺利实现。

简单地说，意志力就是自觉制定目标，朝着目标前进的过程。

二、如何培养顽强的意志力

锻炼顽强的意志力，有一个既适合成人又适合孩童的方法，那就是长跑！很多文章中都曾提到这个方法，看来它的确是一个非常有效的途径。我也提倡使用这个方法，可是我所说的长跑与以往的文章所不同的一点是：长跑不但要每天坚持，而且要逐渐增加强度。

笔者认为，这个方法在培养意志力的初期效果会非常明显，可是随着身体的逐步适应，效果就会逐渐减弱，所以我提出了在每天坚持的基础上，逐渐增加强度。具体的方法如下：

制订一个合理的计划，包括目标和完成目标的期限。目标一定要明确，研究证明，越是明确、具体的目标，实现起来越是有动力，因此不要对自己说"我要每天跑步""我要在明天多跑段距离"，而应该这样告诉自己"我要坚持每天在晚上8点钟跑3000米""我要在明天比今天多跑1000米"，只有这样的目标才是有说服力的；完成目标的期限一定要在实施计划前设定，而且也要明确、具体，比如说"我要在3个月内做到一次跑完一万米"。具体的计划要根据自己的实际情况来设定，第一个月要给自己设定一个可以承受的目标（比如说每天跑2000米），这个目标不能设定得过高，最关键的是要坚持下来。世界上最简单的事情就是坚持，最困难的事情也是坚持，万事开头难。因此，第一个月能不能坚持下来，决定着你这个训练能否成功。因此，目标不能设定的太高，太高的话不容易完成，就会让你失去信心，当然也不能太低（每天500米），过低的话太容易完成，没有挑战性的工作对你的意志力培养是没有好处的。如果第一个月你能够坚持下来，那么恭喜你，你已经初步培养了意志力，接下来做的仍然是坚持下去。不过从这时候开始你要给自己增加强度了。强度也要根据自己的情况设定，标准和设定初期的目标相同，不能偏高也不能偏低。以每个月或每两个月为一个周期，每个周期内都增加一定的强度，直到这个强度到大你的极限为止。这时候，你会惊奇地发现你已经拥有了对自己行为的"控制力"，你不必每天都跑那么长了，距离可以根据情况来定，但至少要保证每周一到两次最长距离的训练。

如果一个人看不到实际好处而对长跑三心二意的话，只有计划是无法使自己心甘情愿地穿上跑鞋的。长跑的好处自己心里应当清楚，在实施计划之前，你就要不断地告诉自己——"长跑将对我的身体起到很好的锻炼作用，长跑会使我培养坚韧的意志力"，然后穿上跑鞋，怀着坚定的信念，跑下去吧！

在实施计划的过程中，你可以记录自己训练的成果，比如说：我的肌肉更有力量了，生活也充满了活力；我很少得病了，这为我节省了很多金钱；我做事情更有耐心了，这让我更容易把我的工作、学习做好。用这些有益的优点刺激你，会使你激发更强的动力把这个计划坚持下去，最终培养坚韧的意志力。

改变自我的一贯作风。仅仅了解长跑的好处是不够的，最根本的动力产生于改变自己的作风和把握自己生活的愿望。道理有时可以使人信服，但只有在感情因素被激发时，自己才能真正加以响应。如果你有这样的想法——"今天下雨了，就不去跑步了""我今天工作很累了，不跑步了，先去睡觉"。那么请改变自己的作风吧，今天的偷懒会为你明天偷懒准备理由，明天偷懒会为你今后偷懒准备理由，如果你真的想培养坚定的意志力，就要不间断地进行这个训练。或者这需要很强的意志力才能做到，你所要做的就是将这种意志力激发起来，可行的办法就是改变你的作风，如果今天下雨了，你要告诉你"今天下雨了，我要在室内跑3000米""今天太累了，我可以慢慢跑完，然后再美美地睡上一觉"。

完不成任务就惩罚。对，就是这样，完不成任务就要给自己一定的惩罚，以此来督促自己按照计划上的规定进行训练。比如说，你可以这样写在你的长跑计划上："如果我今天晚上没有坚持跑步的话，我就坚决不吃晚饭""如果我今天不能比昨天多跑500米的话，我就绝对不上网（或者不看电视）"。而且这个惩罚一定要由某个人来监督，比如说你的父母、妻子或者同学。这样如果你想偷懒的话，你的监督人就会警告你，而你也会因为不去兑现自己的承诺而感到羞愧，继而产生动力去完成任务。

三、意志力训练法

问渠心理网为大家介绍下面几条意志力训练法，不妨一试。

（一）积极主动

不要把意志力与自我否定相混淆，当它应用于积极向上的目标时，将会变成一种巨大的力量。

美国东海岸的一位商人知道自己喝酒太多,然而他从事的是一种很恼人的工作,而在进餐前喝几杯葡萄酒似乎能让人紧张的心情得到放松。可酒和累人的活又使得他昏昏欲睡,因此常常一喝完酒便呼呼大睡。有一天,这位经理意识到自己是在借酒消愁,浪费时光。于是他决定不再贪杯,而是把更多的时间用于儿女身上。刚开始时很不容易,常常想起那香气四溢的葡萄酒,但他告诫自己所做的事将有所得而不是有所失。后来的事实证明,他越是关心家庭和子女,工作起来的干劲也就越大。

主动的意志力能让你克服惰性,把注意力集中于未来。在遇到阻力时,想象自己在克服它之后的快乐;积极投身于实现自己目标的具体实践中,你就能坚持到底。

(二)下定决心

美国罗得艾兰大学心理学教授詹姆斯·普罗斯把实现某种转变分为四步:

抵制——不愿意转变;

考虑——权衡转变的得失;

行动——培养意志力来实现转变;

坚持——用意志力来保持转变。

有的人属于"慢性决策者",他们知道自己应当减少喝酒量,但决策时却优柔寡断,结果无法付诸行动。

为了下定决心,可以为自己的目标规定期限。玛吉·柯林斯是加州的一位教师,对如何使自己臃肿的身材瘦下来十分关心。后来她被选为一个市民组织的主席,便决定减肥 6 千克。为此她购买了比自己的身材小两号的服装，要在3个月之后的年会上穿起来，由于坚持不懈，柯林斯终于如愿以偿。

（三）目标明确

普罗斯教授曾经研究过一组打算从元旦起改变自己行为的实验对象，结果发现最成功的是那些目标最具体、明确的人。其中一名男子决心每天做到对妻子和颜悦色、平等相待。后来，他果真办到了。而另一个人只是笼统地表示要对家里的人更好一些，结果没几天又是老样子，照样吵架。

不要说诸如此类空空洞洞的话："我打算多进行一些体育锻炼"或"我计划多读一点书"。而应该具体、明确地表示"我打算每天早晨步行45分钟"或"我计划一周中一、三、五的晚上读一个小时的书"。

（四）权衡利弊

如果你因看不到实际好处而对体育锻炼三心二意的话，只有愿望是无法使自己心甘情愿地穿上跑鞋的。

普罗斯教授对前往他那儿咨询的人劝告说，可以在一张纸上画好4个格子，以便填写短期和长期的损失和收获。假如你打算戒烟，可以在顶上两格上，填上短期损失："我一开始感到很难过"和短期收获："我可以省下一笔钱"；底下两格填上长期收获："我的身体将变得更健康"和长期损失："我将推动一种排忧解闷的方法"。通过这样的仔细比较，聚集起戒烟的意志力就更容易了。

（五）改变自我

然而只知道收获是远远不够的，最根本的动力产生于改变自己形象和把握自己生活的愿望。道理有时可以使人信服，但只有在感情因素被激发起来时，自己才能真正加以响应。

汤姆每天要抽三盒烟，尽管咳嗽不止，但依然听不进医生的劝告，而是我行我素，照抽不误。有一天，我突然意识到自己真是太笨了。他回忆说："这不是在'自杀'吗？为了活命，得把烟戒掉。"由于戒烟能使自己感觉更好，汤姆产生了改掉不良习惯的意志力。

（六）注重精神

法国 17 世纪的著名将领图朗瓦以身先士卒闻名，每次打仗都站在队伍的最前面。在别人问及此事时，他直言不讳道："我的行动看上去像一个勇敢的人，然而自始至终却害怕极了。我没有向胆怯屈服，而是对身体说'老伙计，你虽然在颤抖，可得往前走啊！'结果毅然地冲锋在前。"

大量的事实证明，像自己有顽强意志一样地去行动，有助于使自己成为一个具有顽强意志力的人。

（七）磨炼意志

早在 1915 年，心理学家博伊德·巴雷特曾经提出一套锻炼意志的方法。其中包括从椅子上起身和坐下 30 次，把一盒火柴全部倒出，然后一根一根地装回盒子里。他认为，这些练习可以增强意志力，以便日后去面对更严重更困难的挑战。巴雷特的具体建议似乎有些过时，但他的思路却给人以很多的启发。例如，你可以事先安排星期天上午要做的事情，并下定决心不做好就不吃午饭。

（八）坚持到底

俗话说"有志者事竟成"，其中含有与困难作斗争并且将其克服的意思。普罗斯在对戒烟后又重新吸烟的人进行研究后发现，许多人原来并没有认真考虑如何去对付香烟的诱惑，所以尽管鼓起力量去戒烟，但是不能坚持到底。当别人递上一支烟时，便又接过去吸了起来。

如果你下定决心戒酒，那么无论在任何场合下都不要去碰酒杯。倘若你要坚持慢跑，即使早晨醒来时天下着暴雨，也要在室内照常锻炼。

（九）实事求是

如果规定自己在三个月内减肥25公斤，或者一天必须从事三个小时的体育锻炼，那么对这样一类无法实现的目标，最坚强的意志也无济于事。而且，失败的后果会将最终使自己再试一次的愿望化为乌有。

在许多情况下，将单一的大目标分解或许多小目标不失为一种好办法。打算戒酒的王晨在自己的房间里贴了一条标语——"每天不喝酒"。由于把戒酒的总目标分解成了一天天具体的行动，因此第二天又可以再次明确自己的决心。到了一周末，王晨回顾自己7天来的一系列"胜利"时信心百倍，最终与酒"拜拜"了。

（十）逐步培养

坚强的意志不是一夜之间突然产生的，它在逐渐积累的过程中一步步形成的。中间还会不可避免地遇到挫折和失败，必须找出使自己斗志涣散的原因，才能有针对性地解决。

李丽第一次戒烟时，下了很大的决心，但最终却以失败而告终。在分析原因时，意识到需要用于做点什么事来代替拿烟。后来她买来了针和毛线，想吸烟时便编织毛衣。几个月之后，李丽彻底戒了烟，并且还给丈夫编织了一件毛背心，真可谓"一举两得"。

（十一）乘胜前进

实践证明，每一次成功都将会使意志力进一步增强。如果自己用顽强的意志克服了一种不良习惯，那么就能获取与另一次挑战决斗并且获胜的信心。

每一次成功都能使自信心增加一分，给你在攀登悬崖的艰苦征途上提供一个坚实的"立足点"。或许面对的新任务将会更加艰难，但既然以前能成功，这一次以及今后也一定会取得胜利。

四、微心理推荐几种锻炼意志力的方法

1. 确定目标并专注它

确定目标并专注于目标，四面开火会使自己产生混乱。每天晚上临睡前，用纸列出自己明天要做的所有事，然后用 1—10 的数字来标出它们的重要性，然后按顺序排列一个，最后选出最重要的六件作为你明天要做的事。写下来，带在身上。明天你就专注做这六件事。做完一件事，就画掉一件。如果你能做完，证明你很强悍地度过了充实的一天。这是世界上顶尖推销大师霍浦金的秘诀，简单而有力。

2. 宰杀大象

任何人都不可能一口吃下一头大象，所以，我推介宰杀大象法。这个方法写在拿破仑·希尔的《成功定律》中，是我最信赖的技巧之一。如果你的目标是今天整理十份文件。好，假设你有八小时的工作时间，要做 12 份文件。好，将时间分成四段，每两小时做 3 份，那每小时是一份半。在这一小时内，你就专注于这一份半，不要去想后面还有多少。你会发现，这样的话，心理负担会小很多，你不用一小时就可以做完那一份半，休息一下，重新冲刺！效果会最终显现出来。

3. 给自己一个吻，重下决心

这个方法出自伟大的艾琳·C.卡瑟拉在她的《全力以赴》中提到的。无论何时，当你失败了，做错了，不要责骂自己。要肯定自己已经做出的努力。如，你坚持跑步 13 天，第 14 天没跑，要对自己说，虽然今天我暂

时失败了，但我坚持了 13 天，很好。我明天开始要重新努力，这次我要坚持比 13 天更长，我一定可以的。

4. 如果可以，对着镜子重下决心

重下决心时，不要只是一味地念，我一定可以，我一定行。要同时唤起内心的情感，想象成功的形象，同时在行动上表现出活力与气势。挺胸，深呼吸，大一点声说话，望着别人说："你好，我是……"打出有力的手势，说话干脆利落。你可以表现出一个坚强有力的领导者的气势。这样，力量就会来临。这是安东尼奥·罗宾斯 NAC 的精华之一。无数人花许多钱去学，学到的最有价值的工具就是这个！使用它，它会带来力量！

现在，优秀的孩子普遍存在意志力不强的情况。表现在做事情上，就是不能专注于一件事情，通常出现在学习的时候会有这种表现，以至于孩子的成绩低下，让父母很是焦虑。那应当怎样培养孩子的意志力呢？

五、中小学生意志力培养的方法

学习需要兴趣，但很多家长并不知道，学习更需要意志力。教育专家提醒，培养孩子的意志力，是让孩子学会主动学习并获得长足发展的重要条件。

青少年心理咨询专家孔屏认为，培养孩子的意志力，首先要提高孩子延迟满足的承受能力。一个人承受延迟满足的能力越强，就越容易取得成功。家长可从日常生活中慢慢培养孩子的这种能力，如孩子出去玩累了，不想走了，你可以不让他马上休息，而是告诉他：如果你再坚持走 50 步，那么你就是一个善于挑战自己的勇士。如果孩子按照你的要求做到了，别忘了立即祝贺孩子。

有些爸爸妈妈事无巨细，事必躬亲。这样一来，很多孩子就把学习看做是家长的事，有的孩子还以不上学、不学习、不做作业来要挟家长。如

果把学习"承包"给孩子,使他有自主权,反倒更能认识到学习是为自己学的,进而提高学习兴趣,提高意志力。无论一个孩子多有兴趣多有意志力,如果没有适合自己的学习方法,主动学习的能力也会逐渐丧失。

一些专家指出,一些家长往往不顾孩子自身的特点,学来什么方法都在孩子身上试验。其实,教育从来就没有固定的模式,也不存在最好的方法,适合自己的方法就是好方法。所以,家长一定要了解自己的孩子,他是善于记忆还是善于理解?是善于听觉记忆还是善于视觉记忆?例如,对善于记忆的孩子,不要要求他对所有的知识都理解;对善于视觉记忆的孩子,也没有必要强求他认真听课,课上课下自己多看书就可以了。让孩子把学习当成一件快乐的事,他自然会养成主动学习的习惯。

1. 日常生活培养方法

(1)每天按时起床

这是一个看似理所当然的要求,但真正做到却非常不容易。下雨天、周末或其他节假日,孩子会变着法子赖床。让孩子坚持每天按时起床,对意志力的培养非常有帮助。毕竟在苏格拉底的众多学生中,只有柏拉图坚持做到了看似非常简单的每天甩手300下。成功在于坚持,这是一个并不神秘的秘诀。

(2)长时间做一件枯燥的事情

哈佛女孩刘亦婷的妈妈,用捏冰的方式,锻炼小亦婷的意志力;作家池莉的女儿用盘腿打坐,和小朋友比毅力。这些都是较好的例子。我们不鼓励家长一定用同样的方法,但是家长可以设计适合自己孩子锻炼意志力的小活动,而且要以孩子乐于参与为好。

2. 学习、生活培养方法

在孩子遇到比较复杂的作业,向家长请教时,家长不妨先问问孩子的思路、他的思考方法。如果孩子实在理不清头绪，再把家长的思路和想法告诉他、启发他，最终让孩子自己得出答案。这样起码向孩子传递一个信息，完成作业是孩子的事，父母只是起引导辅助的作用，不管再困难，不管如何寻求帮助，孩子总是要依靠自己的力量解决问题。

3. 交往活动培养方法

让孩子学会与同学宽容相处，并在小事上学会谦让。在与伙伴争论时，要做到以理服人。不要认为自己是正确的，但因为说服不了他人就不了了之，或断绝友谊。与伙伴相处时，要经常反省自己的行为，做到谦让、反省、以理服人，也需要有很强的自制力和意志力。如果孩子能坚持做到，那么他将受人欢迎，并拥有许多朋友，对孩子的社会化发展也非常有帮助。

4. 家长要对孩子有耐心

在对孩子意志品质的培养过程中，有些家长可能会失去耐心，特别是当他们日程匆忙、工作繁重时，因而使得一些教育原则、一些对孩子意志品质培养的注意事项被抛之脑后。

养育、教育孩子，有时候大人需要付出的代价的确很大，他们必须忍痛把工作或个人需求放在一边，全心关注孩子做的事情，观察他的飞机模型，陪他啃难做的思考题，欣赏他们用拙劣的手法叠的被子……

但毕竟我们是父母，我们深深地爱着自己的孩子，并享受着教育的过程。因此，对孩子要有耐心，花更多的时间陪孩子吧！经常性地把自己正在看的电视剧关掉，晚上尽量远离电话，取消一些晚间的安排，花时间参与孩子的活动。孩子会把你当做宽容和耐心行为的楷模来加以仿效的。由于体会到你对他感兴趣，他对自己的感觉也会加倍良好。你和孩子之间的关系会越发融洽，你就越容易采用成熟的方式指导孩子的行为发展。

超级父母

【父母讲给孩子听的故事】

教育孩子不要忽视小问题

向孩子讲一个《钉子》的故事,作者是德国语言学家、民间文学研究家格林兄弟俩。

在集市上,有一个商人生意兴隆,所有的货物都销售一空,他的口袋里塞满了金子和银子。

此刻他要回去了,想在天黑之前赶到家里。于是他把装有钱币的旅行包拴在马上,骑上马出发了。

中午时分,他来到一座城里歇脚。当他又要启程赶路时,家仆把马牵到他面前,说道:"老爷,马的左后蹄的铁掌上少了一枚钉子。"

"少就让它少吧,"商人回答说,"我再走六个小时就行了,这点时间铁掌不会掉的。我急着赶路。"

到了下午,商人又下了马,让家仆给马喂点饲料;仆人来到他休息的小客房里,说道:"老爷,您的马左后蹄上的铁掌掉了,我要不要牵去找铁匠?"

"掉就让它掉了吧,"主人回答说,"还有两个小时就到了,这点时间这马一定能坚持得住的,我还急着赶路呢。"

商人接着赶路,可是走了不多一会儿,那马开始一瘸一拐地走;它瘸了没多长时间,开始跌跌撞撞地走;跌跌撞撞地走了没多长时间,它就倒下了,腿也折了。商人只好丢下马,解下旅行袋扛到肩上,步行朝家里走去,直到深更半夜才到家。

"真是倒了大霉了,"商人自言自语道,"这都得怪那个该死的钉子!"这正是欲速则不达呀!

第10章

网瘾如毒瘾 我们远离它

第十章 网瘾如毒瘾 我们远离它

某市重点中学的一个男生小王，品学兼优，善良活泼，还是班干部。最近却突然变得沉默寡言，同学一句话不对就举拳相向，对家长和邻居也动不动就喊打。父母从其书包里还找到一把匕首，最后竟对谁都不说话。后来，在心理医生的帮助下，才弄明白，他已背着父母悄悄地玩了差不多一年的暴力游戏，头脑已被暴力色情搞得混乱不堪，产生心理紊乱和障碍，已经分不清现实和游戏了，不得不退学治疗。

某市郊区学校的一个女生小周，刚读高中，由于家离学校很远，竟在电子游戏室通宵玩游戏。一旦父母责骂她，女儿就瞧不起他们，说：不懂生活，老土！一次其母就跟她去"懂生活"，结果被暴力游戏吓得毛骨悚然，可其女儿玩得面不改色，心不跳，看上去很享受。这以后，这位母亲毅然把女儿转到自己家门口的一所普通学校，严加看管。更多的老师则认为：如果这种腐蚀孩子心灵的游戏不能引起社会各界的重视和有关部门的严格执法，将会毁了下一代。

家住江北区的17岁孩子明明，由于长期迷恋网络游戏，学习成绩直线下降，而且经常和社会上不三不四的人"称兄道弟"。一天，愤怒的父亲把网线扯断了。明明就像疯了一样，将电脑屏幕砸了个粉碎。事后，明明还以"离家出走""断绝亲子关系"等，来威胁父母不得"干涉"他的爱好。父亲为此已经病倒在床，母亲声泪俱下地在电话中说："救救我们的孩子吧，孩子要毁了！我们这个家快完了！"但是，被父母视若剧毒农药的电脑，当初却是他们主动为明明买的！

小郭，男，高中二年级学生。他在上初中时还是一个阳光、健康、上进的好学生。不但学习成绩优异，还担任过班长。但上了高中后，他学会了上网，而且逐渐成瘾，再没有心思安心学习，成绩一落千丈。文化水平不高的父亲气极而怒，屡次打骂也没能把孩子从"网瘾"中拉出来。相反，严管之下的小郭产生了严重的逆反心理，在一次和父亲发生激烈的冲突后，他用匕首刺伤了生养他的爸爸，后果非常严重。当民警抓捕、询问小郭时，他依旧安然地坐在网吧里上网。

【案例评析】

四个案例的描述虽然具体情节不同，但都具有一个共同特点：孩子与父母的沟通和家庭教育方式存在问题。

孩子其实是家庭的镜子，孩子的问题都是家庭系统内部问题的折射和表现。同样，学生网络成瘾也与其家庭系统运行不良息息相关。从表面来看，造成学生网络成瘾的主要原因是学生自身为舒缓学习压力、摆脱孤独、满足成就感、缺乏自我控制力等因素，但实际上学生上网成瘾最主要的根源在家庭。家庭幸福、关爱得到满足的孩子不会沉迷于网络。

网络成瘾学生的家庭系统常常存在诸多问题，集中表现在父母不能很好地扮演适当的角色，承担相应的责任，造成夫妻关系和亲子关系不良，

第十章 网瘾如毒瘾 我们远离它

不能推动系统健康力量滋养成员。因此，网络成瘾实际上是孩子在用自我破坏的方式表达自我的存在，是给予父母的一个信号——家庭出现了问题。因此，对网络成瘾的学生，不应过度关注"成瘾"之症状，而应干预其根源，调节家庭系统，改善家庭功能。要从修复父母与孩子的关系开始，让孩子与家长之间建立爱的联系，让家长替代网络给予孩子满足感和价值实现。家庭功能改善和社会支持提高是学生面对自身成长困惑、学业进步和人际交往问题的有力保障，是学生解决成长、学业和事业问题的人际资源和力量源泉，因而是解决学生网络成瘾问题的关键。

一、网瘾的症状

①平时双眼无神，一见电脑就两眼放光，对无关的事情，没有过多兴趣；

②对人冷漠，情绪低落，缺乏时间感；

③睡眠没有周期性，经常失眠、头痛；

④经常恶心厌食、消化不良，造成体重急剧下降或增长；

⑤注意力不能集中或持久，严重时记忆力减退；

⑥每个月上网时间超过 144 小时，即一天 4 小时以上；

⑦头脑中一直浮现和网络有关的事；

⑧无法抑制上网的冲动；

⑨上网是为逃避现实、戒除焦虑；

⑩不敢和亲人说明上网的时间；

⑪因上网造成课业及人际关系的问题；

⑫上网时间往往比自己预期的时间久；

⑬花许多钱更新网络设备或上网；

⑭花更多时间在网上才能满足；

⑮多次对家人、亲友、老师、同学或专业人员撒谎，隐瞒上网的程度，包括上网的真实时间和费用；

⑯自己曾经做过努力，想控制、减少或停止上网，但没有成功；

⑰若几天不上网，就会出现烦躁不安、焦虑、易怒和厌烦等症状，上网可以减轻或避免这些症状；

⑱尽管知道上网有可能产生或加重原有的躯体或心理问题，仍然继续上网。

二、网络成瘾的概念

网瘾是指上网者由于长时间地和习惯性地沉浸在网络时空当中，对互联网产生强烈的依赖，以至于达到了痴迷的程度而难以自我解脱的行为状态和心理状态。专家提醒：网络成瘾是一种非物质成瘾，是指网络的过度使用；网瘾患者，往往心理健康出现了问题，需要及时治疗。

在现实生活中，海洛因作为一种毒品，会对人的身心健康造成巨大危害。在中国，部分学术界人士、媒体和青少年家长借用"电子海洛因"一词形容电子游戏、网上聊天工具或淫秽色情、暴力等网上内容，有时也泛指单纯的上网行为。他们认为，这些信息或娱乐手段都具有使人沉迷的能力,并且可以对人的身心造成巨大危害。这个词语的界定范围有时非常模糊,是一个贬义词。

中国的专家学者们在互联网刚刚兴起的时候,比较容易在言论中使用这种词语,它的出现如同"黄色歌曲""靡靡之音"等词的出现一样,基本可以看作是特定意识形态的作用下,对新兴事物认识不足的产物。然而,在互联网早已成为不少中国人的一种平常的生活方式的今天,这个词不仅没有绝迹,而且常被一些自己子女沉迷于网络不能自拔的家长使用。但是,新兴教育界认为,把网络和游戏比喻为毒品是一种不符合逻辑的理论,沉迷于网络和游戏的现象确实客观存在,但这并不是网络和游戏本身的原因,其成因在于教育问题或其他社会问题。

三、网络成瘾形成的原因

不少家长认为,孩子网络成瘾是因为孩子们自己的原因,纵观网络成瘾的孩子的家长,他们对自己的孩子都实施各种教育措施,但于事无补,于是认为这孩子的原因最大。青少年网络成瘾的原因,绝不单单是青少年这一群体的责任,更是家长、学校乃至社会的责任,各方难辞其咎。

1. 心理原因

(1) 孤独

现在的中小学生大部分是独生子女。学校教育由于重智育轻德育,重分数轻能力,使孩子们感到学习紧张、压力大;在家中,独生子女没有兄弟姐妹,他们感到孤独,从心理上说最渴望与同龄伙伴的交流,以缓解心中的压力,宣泄自己内心的烦恼、孤独、痛苦。在网上孩子们还能按照自己的需要,喜欢、向往扮演一个满意的角色,而现实生活中的缺憾和不足,可以通过网上制造出的虚拟来弥补。

（2）逃避的手段

人的一生总有波澜起伏，难免有不如意的事情。如果经历波折时，青少年争强好胜之心很重，想得到别人认同的欲望强烈。那么，他可能选择不与别人交流，包括朋友、师生或家人，而转向一个全新的环境——网络，人的真实身份是隐藏着的，他们不必避讳什么，畅所欲言。也就是说，网络成了他们的倾诉与发泄的手段，也是他寻求"理解"与帮助的对象。

（3）好奇心的驱使

青少年的求知欲和好奇心强，他们对新鲜事物的认同能力和接受能力都很强。而现在人们许多最新的观念、最近发生的事、最内部的消息有很多是通过网络传播，先占领年轻人的心灵，再向社会普及。所以，有些年轻人出于好奇，想掌握最新的动态，想做先知之人。就在好奇和虚荣心的双重驱动下，开始接触网络。如果没有正确的引导，就会使其产生网络依赖。

（4）青少年的心理特点

青少年在心理上的特点是重要的原因。他们在生理上日渐成熟，使之认为其在心理上也是"大人"了，自己应当有判别是非黑白的能力，对网络也是如此，他们对自己未来的规划是模糊的，但对现在快乐的追求是清晰的。老师每天劝说教育、家长的哭泣在某些自以为"大人"的青少年眼里很幼稚，觉得时光并非易逝。也有的虽认识到沉迷于网络不是好事，影响学习及未来的发展，但其认为荒废学业已久，已无力挽回，故选择继续逃避。

2. 社会原因

（1）教育监管力度的缺乏

现在中小学均有信息技术课的开设，而且近几年随着新课程改革的进行，教材内容、理念上均有可喜的更新，开始关注学生的发展与特点。但在具体实施的过程中出现了一些问题，影响到学生对信息技术的学习掌握。2000年左右，网吧就开始如雨后春笋般出现在大街小巷，特别是学校的周围。学生进入网吧不用按有关规定出示身份证件，"来的都是客"，全凭"钱"一张。还有网吧帮助学生躲开家长、老师及有关部门的追查，提供"便利"的服务，容留其在网吧包宿过夜。这也是网瘾滋生的"温床"。

（2）商家的竞争

不健康的网络游戏是电子鸦片，毒害了我们上千万青少年。

3. 家庭原因

（1）家长教育方法不当

比如，家长对孩子的期望过于单一，学习成绩的好坏成为孩子成就感的唯一来源，一旦学习失败，孩子们就会产生很强的挫败感。但是在虚拟的网络中，他们很容易体验成功：闯过任何一关，都可以得到"回报"，这种成就感是他们在现实生活中很难体验到的。

（2）家长给孩子定的目标不当

在孩子的成长过程中，父母包办的事情太多，上好学校，找个好班级，找个好班主任等。在这种情况下，孩子自然容易产生一种想法，学习是给父母学，有父母在，什么事情不用愁，包括未来的就业，只要肯花钱，肯拉关系，就可以"搞定"，从而缺乏学习的内在动力，这些孩子迷恋网络的根本原因是没有形成正确的学习观。

（3）家庭关系不和谐的因素

家庭中最主要的是家庭教育方式和家庭关系。有的家长喜欢暴力、批评的教育方式，即"控制型"的，造成孩子没有长成应当长成的"自我"；

同时，夫妻关系不和谐，甚至存在夫妻双方利用孩子向另一半开战的情况，这些都可能造成孩子网络成瘾。专家尤其强调了父亲在家庭中的重要性。他说，父亲在传统家庭中代表着权威、榜样、规则，对于孩子的成长起到非常重要的作用；网瘾患者，多数缺乏父爱。随着离婚率、犯罪率升高等社会问题的增多，社会上的"问题家庭"也在增多，这些孩子通常在家里得不到温暖。但是在网络上，他们提出的任何一点儿小小的请求都会得到不少人的帮助。现实生活和虚拟社会在人文关怀方面的反差，很容易让"问题家庭"的孩子"躲"进网络。

4. 网络本身的吸引力

①网络聊天。它给处于生理和心理发育期的青少年与人平等交流的机会，满足其心理上的需要。

②网络游戏。游戏本身的诱惑是难以抗拒的。网络游戏这个虚拟场，满足了孩子们的幻想，比如"功成名就""硕果累累"。

③网络小说。我们不排除有一些真的写得好，内容新，可以做突破历史空间的限制，冲破伦理、道德、现实的束缚，吸引大家的眼球，而且网络小说容易更新，先抛出一块砖，几天后再续里一块玉，这需要读者不断地跟着看，时常惦记。

④网络色情。由于我国的文化特点，一谈性教育，许多家长老师都谈

虎色变，而对孩子采取封堵严防的办法。网络为色情的传播提供了另一条途径。一个不争的事实，那就是许多网站商家就是靠色情引诱青少年的点击，以获得利润。

四、网瘾的预防与治疗

1. 家长与孩子之间要建立平等、信任的朋友关系

强硬的教育方式也会造成孩子的压抑。切忌不要摆出"家长的架子"家长本身要以身作则，以理服人，并且要信任孩子。孩子是新生力量，相信孩子就是相信自己。每一位家长都应当对孩子有充分的信心，从而才能建立和谐的家庭成员关系。

2. 不要对孩子求全责备

过于严格要求自己的孩子，反而容易打击孩子的自信心，往往会适得其反，对于内向、好胜的孩子，还会引发孩子的强迫倾向。要避免孩子在现实生活中受挫后一蹶不振，因为在这种情况下，孩子容易产生逃避现实世界、容易有形成网瘾的倾向。

3. 生活中要对孩子进行适当的鼓励和赞扬

在孩子成长的过程中，适当的鼓励是对其发展的促进。孩子的兴趣就是探索世界，越是不会做的他就越想做，会了就不做了。孩子是培养的对象，不要把孩子当宠物，不要剥夺孩子的权利。赏识孩子所付出的一切努力，赏识孩子所取得的点滴进步，甚至要学会赏识孩子的失败，让孩子感到家长是他的后盾，而及时的赞扬是对每一阶段成绩的肯定。这样才能培养孩子的自信心，激发孩子对未来现实生活的追求。

4. 培养孩子广泛的兴趣爱好

增加孩子对外界事物的兴趣，从而分散孩子对网络的单一兴趣。不要

一味地反对孩子使用电脑，电脑在当今社会作为一种学习、生活的工具有其独特优势，不能绝对禁止。绝对禁止孩子使用电脑并不现实，可能会引起孩子的逆反心理，其结果适得其反。

五、治瘾如同治水，宜疏不宜堵

任何事情都是如此，预防比补救要容易得多，效果好得多，经济得多。预防青少年网络成瘾是做好教育工作非常重要的一环。通过对众多网瘾孩子的调查研究，甚至包括厌学、早恋、暴力、冷漠等问题的研究发现，几乎所有的问题背后都有家庭、家长的问题。因此，预防网瘾的核心是提高家长的教育水平，改善家庭的亲子关系。家庭和睦了，矛盾就会减少，可以大大减轻孩子不必要的思想压力和烦恼。在培养孩子情商上下功夫，包括培养孩子的生活习惯、饮食习惯、学习习惯，培养孩子的爱心、责任心、同情心，培养孩子吃苦耐劳、爱劳动的良好品质。

学习减负。适当减少课业负担，提高学习效率。帮助孩子改变对学习的态度，让孩子尝到学习成功带来的成就感和快乐，变"让我学"为"我要学"，增强孩子的内驱力。

网络是现代社会的根基。当今社会，作为年轻人，不可能离开网络，作为父母要帮助孩子掌握好网络这把"双刃剑"，与孩子一起学习、一起游戏，使孩子不孤单、寂寞，还可以增进感情，从而可以起到良好的预防效果。

同时，鼓励孩子做家务，鼓励孩子多与同伴交往、游戏。培养孩子广泛的兴趣爱好，以丰富孩子的内心世界，从而分散孩子对网络的注意力。

合理疏导孩子生理、心理变化大的几个时期。这时即便是非常称职的家长，孩子都有逆反的时候，家长要懂得避让，尽量不与孩子发生正面冲突，事后再说明理由，讲明道理。

至于治疗网瘾的方法，还没有十分理想的方法，有机构采取强制戒瘾的方法，但笔者认为这样治标不治本，离开特定的环境就会很快复发，不能根除。

解铃还须系铃人，最好的方法还是从改善亲子关系入手，从改变家庭环境开始，治瘾如同治水，宜疏不宜堵，如果盲目采取强硬的方法，势必事与愿违。

六、引导孩子正确上网

网络的兴起拉近了我们与世界的距离，"上网"也渐渐渗透到很多家庭与孩子的生活中。许多家长反映，孩子整天上网，但却不知他在做什么，孩子时常在无人看管的情况下沉溺在网络世界中，如上网玩游戏、上网聊天、网络交友等，严重耽误孩子的学习和身心健康。

网络给人们提供了人与人之间一种全新的交流方式，也成为人们获取所需资源的一种重要途径，同时给学校教育也带来了前所未有的变化，网络在改变教育的同时，也改变着学生本身。尤其对于小学生，自制力较差，对网络有着强烈的好奇心，面对网络巨大的诱惑，其产生的危害和损伤也将是巨大的。

面对网络，我向家长、孩子提出以下建议。

1. 让网络成为良师益友

互联网通过资源共享可以带领我们连接全世界，但是如何组织和整理全世界这么庞杂的信息呢？这个问题对于成年人来说也不是那么容易，对心智还未成熟的小学生来说就更复杂了。因此，让小学生了解网络不同于真实社会，以健康的心态使用网络，让他们了解到除了游戏以外，网络上还有许多宝贵的数据可以使用，有助于智能的累积与知识的增加，如果只是沉迷其中，就失去了使用网络的本质意义，只是被网络所用，被网络所害。

2. 降低网络依赖

现在的孩子面对比过去更为复杂的环境，受外界不良影响的因素与日俱增。因此，在家庭与学校生活中，要帮助孩子积极培养适当的兴趣爱好，提供其正确释放压力的办法。比如：鼓励孩子在学校参与各项活动，培养孩子的艺术特长，和孩子一同运动、旅游等等，让孩子在其他活动中获得快乐、满足感与成就感。此外，家长也可以和孩子共同制订网络使用时间表，渐进式地减少孩子使用网络的时间，渐渐地孩子将不再把网络视为唯一选择。

3. 让孩子了解"网瘾"的后果

曾记得看过这样的案例：在江西，一名大学生因玩"反恐精英"失利而连刺7人，其中两人死亡。通过这样一些案例，让孩子了解到一些沉迷网络游戏的不良后果，教会学生正确使用网络。

4. 学习网络礼仪

网络就像一个小型的社会，尤其在一个对网络越来越依赖的时代里，教师除了注意小学生对网络使用能力与技术的培养，还应当先让他们了解网络上的基本礼仪，包括不发表攻击性的言论，不滥发电子邮件，发表意见和文章时应注意礼貌等。这样，不但可以学习尊重别人，也可以避免一些不必要的争端和冲突的发生。

5. 将一些优秀的教育网站介绍给孩子

对于学生来说，互联网尽管是一个虚拟的空间，但它的方便、快捷、灵活等多种优点，给予了他们极大的遨游空间。不过，许多学生上网都没有明确的目的，上网后随意浏览，花在游戏类网站上的时间占上网时间比例较大。

应当注意引导学生选择上网内容，向学生推荐一些健康、文明、有益、有趣的适合少年儿童进入的网站，同时鼓励他们利用教育网站寻找资源，进行自主学习。

6. 强化网络意识，提高信息辨别能力

教师和家长要做好引导工作，增强网络道德意识，分清网上善恶美丑的界限，激发学生对美好网络生活的向往和追求，形成良好的网络道德行为规范；引导学生善用网络资源，并教会他们如何分辨其中有害信息的内容，而不是放任孩子在网络世界中驰骋，以免他们在网络中"迷失"。

7. 关注孩子的兴趣和爱好

在引导孩子上网时，切记避免只围绕"学习"这一项内容来谈，要善于发现孩子有什么样的兴趣，哪怕只是发现他有一点点儿兴趣，抓住这个点，然后引导他往这个方面发展，那么，自然而然孩子用于玩游戏和聊天的时间就会少了。

8. 在允许孩子上网的同时，也应当对孩子提出以下要求

孩子要想上网的前提条件是圆满完成课堂作业和家庭作业。

孩子上网必须在家长和老师的督促下进行，并且严格控制孩子的上网时间。比如一个星期中规定上网时间不能超过两个小时，比如可以允许孩子在周末、双休日上网。同时还要告诉孩子们长时间上网会极大损害自己的身体健康。建议家长给电脑装上具有屏蔽过滤功能的软件，以屏蔽过滤不适合学生接触和

浏览的网站内容，坚决杜绝孩子上网吧。

总之，如何帮助孩子尽早学会使用网络，减少由于网络负面影响所带来的损害，是保障小学生健康成长的需要，更是培养教育适应现代信息社会发展人才的需要。让我们的学校、家庭、社会联合起来，为了孩子的身心健康发展，让孩子远离网络伤害。

【父母讲给孩子听的故事】

教育孩子要互相帮助

向孩子讲一个《瞎子和瘸子》的故事，作者是德国作家克·菲·格勒特。

一个瘸子在马路上偶然遇见了一个瞎子，只见瞎子正满怀希望地期待着有人来带他行走。

"嘿，"瘸子说，"一起走好吗？我也是一个有困难的人，也不能独自行走。你看上去身材魁梧，力气一定很大！你背着我，这样我就可以向你指路了。你坚实的腿脚就是我的腿脚；我明亮的眼睛也就成了你的眼睛了。"

于是，瘸子将拐杖握在手里，趴在了瞎子那宽阔的肩膀上。两人步调一致，获得了一人不能实现的效果。

你不具备别人所具有的天赋，而别人又缺少你所具有的才能，通过类似的交际便弥补了这种缺陷。因此，请别抱怨上帝的不公！某些优势，他没有给你，而赐予了他人，这是一样的，我们完全可以自己来交流。

图书在版编目（CIP）数据

超级父母 / 田丽著 . —北京：中国书籍出版社，
2016.12
ISBN 978-7-5068-5978-3

Ⅰ．①超… Ⅱ．①田… Ⅲ．①家庭教育—教育方法
Ⅳ．① G780

中国版本图书馆 CIP 数据核字 (2016) 第 284122 号

超级父母

田丽 著

策划编辑	李立云
责任编辑	李立云　魏焕威
责任印制	孙马飞　马 芝
封面设计	赵志远
出版发行	中国书籍出版社
地　　址	北京市丰台区三路居路 97 号（邮编：100073）
电　　话	（010）52257143（总编室）　　（010）52257140（发行部）
电子邮箱	yywhbjb@126.com
经　　销	全国新华书店
印　　刷	河南领航印务有限公司
开　　本	787 毫米 ×1092 毫米　1/16
字　　数	160 千字
印　　张	13.5
版　　次	2017 年 1 月第 1 版　2017 年 1 月第 1 次印刷
书　　号	ISBN 978-7-5068-5978-3
定　　价	39.80 元

版权所有　翻印必究

版 权 声 明

在本书的写作过程中,作者参考了一些有关家庭教育和心理学的文献资料。由于出版时间较紧,我们无法一一联系到这些文献资料的作者,请作者与我们联系领取稿酬事宜。

中国书籍出版社
2017 年 1 月